낯선 위로, 아이슬란드

ICELAND

낯선 위로, 아이슬란드

ICELAND

Þetta Reddast : Everything is Going to Be Okay

글·권호영 사진·제이

푸른향기
Pureun Publishing Co.

아이스크림랜드 아이슬란드

아이슬란드라는 단어에서 느껴지는 호감. 코리아, 아메리카, 스페인, 핀란드 같은 나라 이름을 쭉 나열하다가 아이슬란드라는 이름을 발음할 때 느껴지는 선명함. 발음할 때 입술이 편안해진다. 입을 조금 크게 벌려 "아~" 하고 소리 내어 본다.

"아이슬란드에 다녀왔어요"라고 운을 떼고 웃어 보인다.

한국에서는 먼 곳이라 닿기가 어렵게 느껴질 것이다.

"이번 생에서 아이슬란드는 안 가볼 것 같아요"라는 대답이 돌아오기도 한다. 많은 사람이 애정을 쏟아 여행 가고 싶어 하는 나라는 아닌 것 같다. 일부에게서 느껴지는 관심, 그 안에서 특히 느껴지는 폭발적인 관심과 더 나아가 집착에 가까운 사랑을 느끼는 사람들이 있을 뿐. 그러니까 아이슬란드는 무관심 혹은 사랑의 대상이다.

아이슬란드에서는 매일 조금씩 거대한 빙하가 움직이며 땅의 모양을 바꾸고 있다. 화산폭발과 지진의 위험에 늘 주의를 기울인다. 오로라를 볼 수 있다고 하는데, 그렇다면 북극권일까? 여름에는 백야라 해가 지지 않는다는데, 잠은 어떻게 잘까. 겨울에는 대부분 어둡다는데, 추위를 견디며 여행하기에 괜찮을까? 비와 눈과 바람 같은 날씨의 변덕에 대처하

4

는 노하우가 있을까? 자연 속에서 저절로 생긴 지열 온천, 여름에 볼 수 있다는 퍼핀이라는 새, 사람 숫자보다 많다는 양, 운전하다가 양을 다치게 하면 큰일이 난다는 주의 사항 같은 것. 정작 운전하기에 길은 괜찮은지, 속도위반 벌금이 상상을 초월한다는데, 음식은 어떻고, 언어는 어떻고, 사람들은 친절한지, 방문하기에 좋은 계절은 언제인지, 같은 사사로운 궁금증이 꼬리에 꼬리를 물고 이어진다.

이런 질문들의 절반은 무관심에서, 절반은 사랑에서 왔다.

"그래서 어디에 간다고요? 아일랜드요? 아, 아이슬란드라고 그랬죠?" 라고 되묻고는 며칠 뒤에, 이렇게 말하는 사람도 꽤 있었다. '그래서 어디에 간다고요? 아, 아이스랜드요?'

"Iceland는 아이스랜드가 아니라 아이슬란드입니다. 아일랜드는 영국 옆에 있는 섬나라예요"라고 매번 고쳐주기도 애매하다. 아는체하는 것 같아서 좀 그렇다. 그게 그렇게 중요한 일인가 싶다. 아이슬란드면 어떻고, 아이스랜드면 어때요. 어차피 아이슬란드를 아이슬란드어로 말하면 ísland인데. ís는 얼음이라는 뜻도 되고, 아이스크림이라는 뜻이 되기도 한다. 그러니까, 아이스크림랜드라고 하면 어때요. 귀엽기만 한 걸. 그러나 아이슬란드 사람들이 들으면 싫어할지도 모른다. 대한민국을 대한민쿡이라고 하면 안 되니까요.

어쩌면 잔뜩 겁을 먹을 필요도, 호기심 많은 어린이처럼 궁금해할 것도 없이 그냥 훌쩍 떠나는 게 여행이라지만, 아이슬란드는 조금 다르다. 꼼꼼하게 루트를 짜는 것부터 시작해야 한다. 진심으로 마음의 준비를 해야 한다. 진심이 닿아야 아이슬란드는 보여줄 것이다. 당신이 보고 싶어 하는 것들을!

아름답다 못해 신비로운 미지의 장소, 고요하다 못해 공허한, 평화롭지만 시끄럽고, 눈부시게 빛나다가 금세 까만 밤이 내리는 곳, 그곳을 탐험해보기로 했다.
여름 한 달과 겨울 보름간의 여행 이야기. 전부 다 보여주려고 하지 않을게요. 강렬했거나, 재미있거나, 깜짝 놀랐던 일들만 들려줄게요. 가끔은 아무 일도 일어나지 않은 평화로운 밤이어서 깜짝 놀라곤 했지만요.

아이슬란드 여행자선언문
ICELANDIC PLEDGE

I pledge to be a responsible tourist.
책임감을 가지고 여행할 것을 선언합니다.

When I explore new places, I will leave them as I found them.
새로운 장소를 탐험하며, 자연을 훼손하지 않겠습니다.

I will take photos to die for, without dying for them.
위험한 곳에서 목숨 걸고 사진을 찍으려 하지 않겠습니다.

I will follow the road into the unknown, but never venture off the road.
미지의 장소를 가되, 절대 정해진 길을 벗어나지 않겠습니다.

And I will only park where I am supposed to.
정해진 주차장에 주차하겠습니다.

When I sleep out under the stars, I'll stay within a campsite.
야외에서 별을 보고 잘 때, 캠핑장을 벗어나지 않겠습니다.

And when nature calls, I won't answer the call on nature.
자연에서 아무 때나 노상방뇨 하는 등의 행위를 하지 않겠습니다.

I will be prepared for all weathers, all possibilities and all adventures.
날씨의 변화, 모험에 있어 모든 가능성을 고려하여 준비하겠습니다.

CHAPTER 2. WINTER IN ICELAND

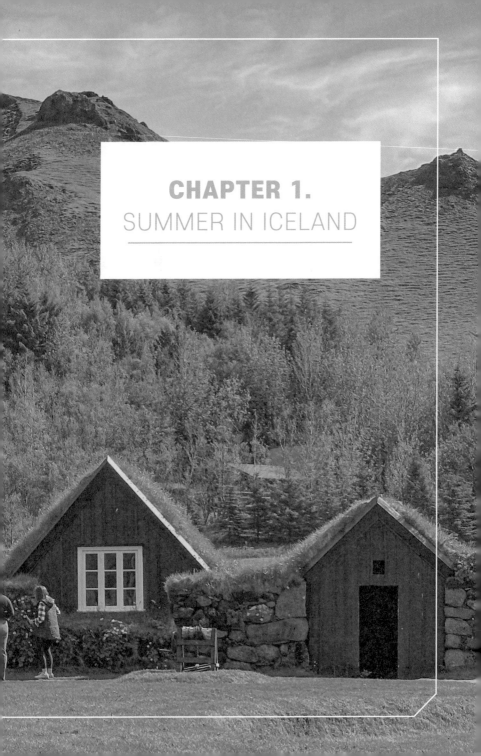

CHAPTER 1.
SUMMER IN ICELAND

백야와 잠

어느 드라마에서 심리학에 능통한 주인공이 했던 말을 기억해냈다.

"눈을 감고 누워서 생각해 보세요. 나를 잠 못 들게 하는 수많은 것들, 단어들을 눈동자 뒤쪽으로 끌어모으세요. 그리고 하나씩 지우는 거예요. 까맣게 덧칠하세요. 그 단어가 보이지 않을 만큼 까맣게, 먹색으로, 그렇게 전부 다 지워 보세요."

생각이 많은 나는 그날 밤 당장 그것을 행동으로 옮겨 보았다.

일단 머릿속에 드는 생각들을 단어로 만들었다. 그 단어들을 눈동자

뒤로 모은다는 생각으로 그러니까, 머리 뒤쪽으로 단어를 보내버렸고, 하나씩 지워나갔다. 까맣게, 붓으로 덧칠하듯 까맣게, 보이지 않도록. 그렇게 하나하나 지워가는 사이 잠이 든 것 같다.

다음 날 아침에 생각했다. '아, 잠이 들었구나.' 평소에 잠들기 전에 꼭 해야만 하는 귀마개는 잠옷 바지 주머니 속에 그대로 있었다. 그리곤 떠올

렸다. 내가 만든 단어들을. 어떤 생각들을 모았는지, 어떤 생각들을 지웠는지, 잘 기억나지 않았다. 그런 것들이다, 주로 걱정하는 것들은. 결국 나중에는 생각나지 않는 것들이 대부분이다. 머릿속 한편을 내어 줄 필요가 없는 쓸데없는 것들.

그런 쓸데없는 것들은 여행 중에는 대부분 생각이 나지 않았다. 여행이라는 시간, 주어진 하루하루의 시간은 느리고 또 빠르게 흘러갔다. 아침에 눈을 떠서 침대를 박차고 일어나는 순간부터 일상은 이내 여행이 된다. 몸이 조금 무겁고, 머리가 조금 아픈 것 같아도, 창밖을 바라보며 낯선 곳에 있다는 걸 체감한 순간 괜찮아, 나는 지금 여행 중이니까. 하고 생각한다. 나지막이 소리 내어 말해본다.

"나는 여행 중이야."

이이슬란드의 여름은 해가 길어서 자정이 되어도 환했다. 잠들기 전 창밖을 보다가 잠옷을 입은 채 뛰쳐나가기도 했다. 길가에 고양이가 물끄러미 쳐다보다가 나에게 다가와 발등에 몸을 비벼댔다. 아이슬란드 고양이는 유독 사랑스럽다는 말을 들은 적이 있는 것 같은데, 그런 생각을 하다가 내 앞에 있는 고양이를 바라보다가, 실없이 조금 더 행복해지곤 했다.

해가 길다 보니 하루의 시작도 빠르다. 아침 일찍부터 하이킹을 시작하거나, 먼 도시를 목적지로 삼아 운전을 하거나, 더 오래 걷고 더 많이 보느라 밤에는 유독 나른했던 것 같다.

여름 아이슬란드의 밤은 그랬다. 창밖에서 새어 들어오는 빛도, 동물 울음소리도, 옆에서 바스락거리며 뒤척이는 소리에도, 모두가 무사하고 평온할 뿐이었다.

운동화 끈이 풀렸다

운동화 끈이 풀렸다. 끈이 풀린 것도 모르고 한참을 걸었는지 끝이 조금 더러워졌다. 운동화 끈을 묶으면서 생각했다.

'지금 누가 내 생각을 하고 있나?'

운동화 끈이 풀리면 누군가가 내 생각을 할 거라는 실없는 생각을 하다가 웃는 사람. 사랑과 낭만을 믿는 사람. 그런 나는 해가 지나며 조금 변했다. 여전히 사랑과 낭만을 믿지만, 동시에 현실을 직시하며 돌연 이성을 되찾곤 한다. 덜 상처받고, 덜 운다.

이러한 성향 변화는 여행지에서도 곧잘 나타났다. 간혹 나타나는 낯선 나의 모습에 깜짝 놀라기도 했다. 예컨대, 처음 만난 여행자에게 활짝 웃으며 "안녕!"이라고 손 흔들어 보이거나, 어떤 무리에게 다가가 "너희도 여행 중이니? 어디에서 왔어?"라고 대화를 시작하거나, 술집에서 옆 테이블에 다가가 다짜고짜 다트 게임 내기를 하자고 했던 나의 모습은 사라져 버렸다. 이제는 먼저 인사를 했다가 답이 돌아오지 않았던 기억과 혹시 이건 인종차별의 행동이 아닐까, 같은 어쭙잖은 생각에 지배당해 조용히 커피를 한 잔 마시는 나의 모습에 깜짝 놀라곤 하는 것이다.

이는 현실에서 비롯된 부정적 감정이 '인지 왜곡'을 낳은 결과라는 말을 책에서 읽은 적이 있다. 어쩌다 쌓인 부정적 경험이 인지 오류를 가져온달까?

책을 여러 권 쓰고, 강의를 하고, 블로거 활동 같은 대외적인 활동을 하다 보니 가끔은 유명세를 치를 때가 있다. 내 책을 좋아하는 사람들이 있고, 내 책이 마음에 안 들었던 사람들도 있다. 과거 나의 모습은 자랑스러울 때도 있지만, 내가 봐도 부끄러울 때가 있다. 마음에 들든 들지 않든, 이 모든 이력이 인터넷 여기저기에 남고, 지면에 문장으로 남을 때, 가끔은 벅찰 때가 있다. 인터넷 신문에 나의 여행과 블로그 이야기가 올라갔을 때 받은 엄청난 댓글 세례, 소셜미디어에 올라 온 10개의 좋은 말 중에 1개의 나쁜 말에 집중하여 부정적인 사고에 사로잡히기도 했던 일 등이 그렇다.

첫 책 출간 후에 받아 본 첫 악평에 울어버린 기억이 있다. 여행 중이었고, 푸른 바닷바람에 흠뻑 행복했던 날이었다. 테라스 문을 열면 멀리 보이는 바다의 파도 소리를 들으며 잠을 자려는 찰나, 습관처럼 책 제목을 검색하다가 발견한 악평이었다. 다짜고짜 '이 책은 읽은 책 중 최악의 책'이라는 문장이 극장에 걸린 타이틀처럼 커다랗게 보였다. 하루 종일 행복했던 기억이 사라지고, 또르르 눈물이 흘렀다. 어디서 난 용기인지 그 사람에게 되물었다. '어떤 부분을 고치면 좋을까요. 다음에 반영할게요.' 그 사람은 '가이드북처럼 충분한 정보가 없는 에세이라서 싫었다'고 답해주었다. 허무했지만, 안심되었다. 내 책은 가이드북이 아니라 에세이였다. 옆에서 제이가 말했다. 오늘 행복했던 기억이 99%로 가득 차 있는데 무엇이 문제냐고.

신문 기사에 쌓인 악플이 뒤로 밀릴 정도로 좋은 댓글이 쌓일 때도 있었다. 그런데도 자꾸만 뒤로 가서 악플을 읽고 또 읽곤 했다. 1%의 부

정적인 감정에 사로잡혀있던 나의 모습은 어딘가 어색했다. 기억하려고 했던 것 같다. 더 발전해 보자. 겁쟁이가 되지 말자. 성장의 발판으로 삼아보자.

이러한 기억들이 여행지에서 '나 자신이 되기'를 방해할 때, 소스라치게 놀랄 수밖에. 나는 맑고, 밝고, 청량하게, 크게 웃던 사람이었는데 이젠 조심스러운 사람이 되어버린 걸까, 하는 생각을 하면 조금 슬퍼졌다. 의기소침해지곤 했다.

아이슬란드 사람들이 사랑한다는 칼디 맥주와 아이슬란드 빙하로 만든 진토닉 칵테일을 파는 '칼디바'에 들렀다. 여름이었다. 여름은 아이슬란드 사람들이 한껏 멋을 부리고 외출할 수 있는 유일한 계절이라고 생각했다. 두꺼운 옷을 입지 않아도 되고, 어두워지는 밤을 걱정하지 않아도 되니까. 북적북적한 펍 안쪽 구석에 테이블 하나가 비어 있었다.

예전의 나라면 좁은 장소에 비집고 들어가 앉아 바텐더와, 옆에 앉은 여행자들과 이런저런 대화를 이어갔겠지만, 이제는 아니었다. 조용히 하루를 정리하는 시간이 필요했다. 흥이 채 가지 않은 채로 잠에 들고, 미세한 숙취와 함께 다음날 여정을 이어가는 일은 이제 원치 않았다. 작은 수첩을 꺼내어 그날의 기분을 적어보기도 하고, 구글 지도를 열어 우리가 지나온 자리를 되짚어보기도 했다. 제이와 나란히 앉아 사람들을 관찰하기도 하고, 서로의 마음을 들어보기도 하면서.

　이 또한 자연스러운 나의 모습이라는 걸 받아들이게 된 것도 여행을 통해서였다. 내가 기억하는 과거의 나에 집중할 필요도, 어떠한 단면을 무조건 치켜세울 필요도 없이, 시간이 흐르는 대로, 경험치가 쌓이는 대로, 자연스럽게 변해가는 나 자신을 받아들이는 걸 배웠다. 끊임없이 나를 찾는 여정. 그 안에 나의 여행이, 우리의 여행이 있어서 다행이야.

'칼디바'에서 찍은 우리의 사진은 더없이 행복해 보였다. 멀찍이서 찍은 바bar의 전경 사진도 영화 같았다. 멀리서 보았을 때 여운도 깊다는 것을 배워가는 중이다.

아이슬란드 핫도그가 뭐길래!

우리나라 사람들이 먹는 핫도그의 영어 명칭은 콘도그^{Corn Dog}이다. 이
는 핫도그의 변형 간식이라고 볼 수 있는데, 우리나라에서는 콘도그가
핫도그가 되었다. 원래 핫도그는 빵 사이에 소시지를 넣은 형태를 말한
다. 닥스훈트 소시지를 파는 사람을 보고, 어떤 기자가 핫도그라는 명칭
을 사용하기 시작했단다. 그런데, 소시지가 유명한 독일이나 폴란드, 미
국도 아닌 웬 아이슬란드에서 핫도그를 논하는 걸까?

아이슬란드에는 '양'이 많다. 사람 숫자보다 더 많다. 과거에 양고기를
오랫동안 보존하려는 방식 중 하나로 소시지를 만들어 핫도그를 먹기
시작한 것으로 추정한다. 물론, 밀가루가 귀했던 과거에는 소시지만 먹
었을 것이다. 아이슬란드 사람이라면 대부분 소시지를 좋아하는데, 그
래서일까. 핫도그는 거의 국민 음식이 되었다.

우리나라로 친다면, 떡볶이나 김밥 혹은 국밥 정도 되려나? 식사 대용
으로 먹을 수 있는 수준이기 때문이다.

약 1937년쯤, 핫도그 브랜드 '베야린스 베스투 필수르^{Baejarins Beztu Pylsur}'
가 생겼으니 약 100년 가까이 된 역사를 자랑한다. 간단히 만든 평범한
핫도그이지만, 그 맛은 기가 막히니 입맛 다실 준비를 하자.

부드러운 긴 빵 사이에 양고기로 만든 소시지를 넣는다. 여기서 잠깐,

소시지를 넣는 위치마저 중요한 논란거리가 될 수도 있다. 다진 생양파 약간, 튀겨 바삭하게 만든 크리스피 어니언, 특제 케첩, 특제 머스타드와 레물라드Remulade소스가 첨가된다. 단연 양고기 소시지를 추천하지만, 소고기와 돼지고기 소시지도 선택할 수 있다.

일단 주문을 해보자. "어떤 핫도그를 줄까요?"라고 묻는다면, "One with Everything!"이라고 답하면 되는데, 여행지에서 그 지역 음식을 맛보기 위해서 도전하는 여러분에게 무조건 추천한다. 모든 것이 다 들어간 핫도그를 맛본 뒤에는 내 취향껏, 양파를 빼거나, 케첩을 빼거나 할 수도 있지만, 우리나라 사람들 입맛에는 아무래도 '모든 재료를 넣은 핫도그'가 잘 맞을 거라고 확신한다.

아이슬란드 핫도그 케첩은 기성품이 아니라 직접 만든 제품이다. 사과가 들어가서 그런지 탱글탱글한 자극을 준다. 미세하게 매콤한 향이 올라오면서도 가볍게 달콤한 맛을 내는 브라운 머스타드는 비밀소스임이 틀림없다. 마요네즈 베이스인 레물라드는 크리미한 질감 덕에 이 모든 재료를 조화롭게 만드는 데 한몫한다.

한국에 가면 분명 이 별거 아닌 것 같은 핫도그가 그리워질지도 모른다. 그때를 대비하여 아이슬란드 특제 핫도그 소스를 사 오는 것도 방법이다. 보너스마트에서 '필수시넵Pylsusinnep'이라고 쓰인 핫도그 머스타드와 아이슬란드식 레물라드와 케첩, 크리스피 어니언까지 구매 가능하다. 여행 첫날 핫도그 재료들을 미리 사두고, 숙소에서 틈틈이 만들어 먹는 것도 하나의 팁이다.

평소에 핫도그나 소시지는 거의 먹지 않는 나도, 아이슬란드 여행 중에는 몇 번이나 핫도그로 끼니를 때웠다. 단순히 다른 식사에 비해 저렴

하기 때문만이 아니었다. 간단하게 구매하기도 쉬운데, 신기하게 맛이 좋다. 여름에야 그렇다 치고, 한겨울에 목도리 두르고 발 동동 구르며 줄 서서 핫도그를 살 줄이야. 핫도그 스탠드 앞 전용 벤치에 앉아 사람들 틈에 끼어 털모자 푹 눌러쓰고, 핫도그를 먹을 줄은!

아이슬란드에서 핫도그는 필사^{Pylsa} 혹은, 풀사^{Pulsa}라고 부른다. 핫도그가 여러 개일 땐 필수르^{Pylsur}가 된다. 아이슬란드 사람들은 핫도그를 부르는 방식으로 가벼운 논쟁을 벌이기도 한단다. 우리 여행자들은 그저 "One with Everything!"을 외칠 준비만 하고 떠나면 되겠다.

아이슬란드어로 주문하고 싶다면? 다음 문장을 연습해 볼 것. 물론 영어로 말해도 문제없지만 말이다.

"Eina með öllu!"

(발음은? AYN-ah-med-UTL-lou = 에이나메드외틀루)

고양이도 북유럽 스타일

"나도 고양이 키우고 싶어. 복슬복슬한 귀여운 고양이."

이렇게 말하면 친한 지인들은 대부분 말한다.

"안돼, 에린은!"

정기적으로 여행을 떠나는 사람. 그것도 3주 이상 자주 집을 비우는 사람은 애완동물을 키울 수 없다는 게 그들의 의견이다. 게다가 여행을 떠나지 않는 시기에도 집을 비우는 일이 잦거나, 집에 있다고 하더라도 랩탑 앞에 앉아 작업하는 일이 많은 나는 자격 박탈이라는 것. 자고로 고양이는 상큼하고 발랄하게 놀아줘야 마땅한 동물이니까(?) 아마도 그런 것 같다.

'그럼, 대안이 있을까?'

앵무새, 햄스터, 고슴도치… 고슴도치는 예전에 키워본 적이 있긴 한데, 그 작은 동물도 손이 많이 사는 건 사실이었다. 그렇다면 도마뱀?

"아니, 누가 도마뱀을 키우겠어? 냉혈인이 아니고서야"라고 말한 누군가가 떠올랐다. 그런가? 도마뱀도 손이 많이 갈 것 같은데? 주기적으로 쓰다듬어줘야 할 것만 같다. 왠지 말을 걸어주어야 할 것 같고, 그렇게 서로 통신이 오갈 때, 나만의 진정한 반려동물로서의 의미를 갖지 않을까?

고양이라면 좋겠지만, 과분한 꿈은 뒤로 미뤄두고 아이슬란드 고양이를 떠올려보자. 아이슬란드 사람들은 고양이를 사랑한다. 무라카미 하루키도 아이슬란드 사람들이 얼마나 고양이를 좋아하는지에 대해 글을 쓴 적이 있단다.

아이슬란드에는 아이슬란드만의 특별한 종(breed)의 양과 말이 있는데, 고양이 또한 그렇다. 870년 경, 잉고울뷔르 아르트나손Ingólfur Arnarson이 이끄는 노르드인들이 최초로 아이슬란드에 살기 시작한 때부터 아이슬란드 고양이가 있었다는 기록이 있지만, 100% 아이슬란드 전통 고양이는 사라진 듯하다. 지금은 스웨덴, 페로 제도, 셰틀랜드 제도를 뿌리로 둔 고양이를 아이슬란드 고양이로 보는데, 아무래도 타국에서 들어온 품종이 많은 레이캬비크 도심보다는 시골로 갈수록 아이슬란드 고양이를 마주치기 쉽다. 꼬리가 길고 복슬복슬하며 눈빛이 강렬하다면 빙고! 사냥을 좋아해서 실제로 쥐를 잘 잡기 때문에 농장에서 기르는 걸 선호한다. 그중에서도 노르웨이숲 고양이(이름도 어쩜!)는 특히 사랑받는 종이라고 한다.

아이슬란드에는 심지어 고양이 리얼리티쇼, 「Keeping Up With the Kattarshians」를 TV에서 방영하기도 했었는데, 약 2년간(2017-2019) 방영 뒤에 종료했다. 「Spottaði kött(고양이 발견)」이라는 페이스북 페이지에는 아이슬란드에서 살고 있는 고양이 사진을 누구나 올릴 수 있다. 회원 수 2만 명이 넘을 정도로 인기가 많다. 아이슬란드어를 만나보는 재미도 쏠쏠할 테니 여행 중에 마주친 고양이 사진을 찍어서 올려보면 어떨까!

여름 아이슬란드 여행 중에 고다포스에서 약 15분 정도 들어간 농장

에서 운영하는 숙소에 머문 날이었다. 주변엔 너른 들판뿐이라 밤늦은 시간 잠옷 입은 채로 나와 하늘을 넋 놓고 바라보고 있었다. 그때 고양이 한 마리가 다가와 배를 보이고 눕길래 한참을 쓰다듬어 주었다. 한국에서 길고양이들은 대부분 도망가기에 바빴던 것 같은데, 여기서는 사람과 매우 친숙한 관계를 맺는다는 걸 가늠할 수 있었다. 여행 내내 고양이를 마주친 건 서너 번뿐이었지만, 그때마다 내게 다가와 주었으니까. 발목에 꼬리를 비비거나, 야옹거리며 주변을 맴돌거나, 가만히 앉아 나를 가만히 바라보았다. "안녕?" 하고 말을 걸면, "안녕!"이라고 대답을 해주는 것 같았다. "아이슬란드 고양이는 조금 특별하다던데?"라며 호들갑을 떠는 나를 물끄러미 바라보며, "그러니까 알았어. 사진 찍고 싶으면 찍으렴" 하고 도도하게 말하는 것만 같았다. 어느 고양이들은 주인의 말을 경청한다고 한다. 눈빛이 우주 같다고도 한다. 아이슬란드는 특히 지구상 작은 우주 같은 나라니까, 고양이가 우주를 지배할지도 모른다는 말은 현실이 되어가는 중인지도 모르겠다.

고양이는 아이슬란드어로 köttur^{쾨투르}이다. 하지만 문장 속에서 단어의 형태가 달라지기 때문에, kött^{쾨트}, ketti^{케티}, kattar^{카타르}라고 쓸 수도 있다. 새끼 고양이를 뜻하는 kitty^{키티}는 kisa^{키사}라고 말하며, 수고양이는 högni^{흐그니}, 암고양이는 læða^{래이다}이다. 끝이 아니다. 고양이의 복수형은 kettir^{케티르}, ketti^{케티}, köttum^{쾨툼}, kattar^{카타르}가 있다.

후. 그럼, 아이슬란드 고양이는 어떻게 울까? mjá-mjá^{미아}하고 운다. meow-meow^{미야우}와 비슷하다.

| 아이슬란드어

아이슬란드어는 세계에서 가장 어려운 언어 중 하나로 손꼽힌다. 북극권, 북대서양에 고립된 나라란 사실이 현재의 언어를 만들어낸 이유 중 하나일 것이다. 인구수도 적을뿐더러, 주변 나라와 교류가 없고, 육로로 이동할 수 있는 국가가 아니다 보니 지난 1,000년 간 바뀌지 않은 것이다. 지난 몇 세기 동안 약간의 음운 변이를 제외하고는 대부분 변화하지 않은 보수적인 언어로도 손꼽힌다. 18세기 이후로 라틴어, 그리스어의 차용어를 배제하는 순수주의를 내걸고 있기 때문에 북유럽의 다른 국가와 원활한 의사소통이 쉽지 않을 정도다.

로마자 알파벳이 26개인데 비해, 아이슬란드 알파벳은 32개로 구성된다. 그중 모음이 14개, 자음이 18개인데, 자음과 모음 둘 다 위치에 따라 발음이 바뀌기도 하는 등 매우 복잡하여, 외국인이 아이슬란드어를 정확하게 발음하기란 정말 어려운 일이다.
글을 쓰며 다룬 아이슬란드어를 한글로 표기한 부분이 정확하지 않을 수밖에 없음을 이해받길 바라는 마음으로 덧붙여 보았다.
만약 아이슬란드어에 관심이 있는 분이라면, 큐알코드를 따라가 보자. 아이슬란드어 어법부터 로컬 여행 팁까지 친절하게 설명해 주는 유튜브 채널로 연결된다.

어떤 집이 당첨될까?

여행에서 머무는 숙소를 집이라고 부른다. 물론, 집이 마음에 들 때만 그런 것 같다. 어쩌다 마음에 안 드는 숙소가 걸리면, 그건 그저 곧 잊혀질 숙소일 뿐이다.

레이캬비크에 도착한 첫날은 저녁에 도착해 잠만 잘 일정이라 저렴한 에어비앤비를 예약했다. (그럼에도 여름 성수기 레이캬비크 숙소 가격이 비싸다는 사실은 아마 굳이 말하지 않아도 눈치챌 것이다) 시내에서 간단히 저녁 식사를 하고, 다음 날 아침 일찍 스노클링 하러 갈 계획이었다. (아이슬란드 빙하가 녹은 물속 스노클링을 기대하시라!)

그런데 아이슬란드 도착 후 날씨가 심상치 않았다. 그땐 여름이었고, 긴 팔을 껴입었지만, 몸이 덜덜 떨리기 시작했다. 근처에서 가볍게 핫도그를 사 먹고 집으로 (아니, 숙소로) 향했다.

미처 몰랐던 사실은 계단을 내려간 지하에 자리 잡고 있다는 것이었고, 누가 봐도 지하 창고를 개조한 모양새였으며, 침대 하나와 싱크대와 세면대가 있었는데, 아니 그 세면대 바로 옆에 변기가 있는 게 아닌가? 개방형 화장실이 있는 숙소도 있었나? 나와 제이는 다음날까지 화장실을 가기 위해 한 명이 숙소 밖에서 기다려줘야 하는 해프닝을 겪었다. 웹사이트에는 분명 이러한 설명이 없었다. 당연히 화장실은 화장실인

줄 알았지, 누가 침대 맞은편에 변기가 있다고 생각할까!

그건 그렇고, 나는 그날 몸져누워버렸다. 긴 비행의 끝에 보슬보슬 내리는 비를 조금 맞고 돌아다녔다고 감기몸살이라도 걸린 모양이었다. 다행히 한국에서 챙겨온 약을 먹었고, 옷을 벗기는커녕 더 꽁꽁 껴입고는 이불을 푹 뒤집어쓰고 눈을 감았다. 제발 내일 아침에 아프지 말아야 할 텐데, 라는 생각뿐이었다. (다행히 다음날 괜찮아졌다)

그런가 하면 사랑스러운 집의 기억도 떠오른다. 그날은 스노클링을 마치고 집으로 가는 길에 자동차 사고가 났던 날이다. (그렇다, 바로 다음 날이다. 사고 이야기도 기대하시라!) 사고 탓에 시간이 많이 지체되었고, 어쩌다 보니 그토록 사랑스러운 집에 도착한 시간은 밤 11시였다. 가장 해가 길다는 아이슬란드의 여름에 백야를 제대로 느끼며 터덜터덜 집으로 들어갔다. 작지만 포근한 소파가 놓여있고, 그 앞에는 탁자가, 그 앞에는 네모난 통창을 통해 끝없이 펼쳐진 들판이 펼쳐졌다. 여름에만 볼 수 있는 보라색 꽃이 햇살을 받아 빛나고 있었고, 저 멀리 간헐적으로 지나가는 자동차의 지붕을 보며 그제야 마음이 편안해졌다.

"후. 집에 왔다."

따뜻한 물에 샤워하고 저 폭신한 침대에 얼른 몸을 던져야겠다고 생각했다. 그런데 눈은 자꾸 창밖으로 향했다. 창문 자체가 살아있는 액자였다. 카메라를 챙겨 밖으로 나갔다. 시간은 늦은 밤 자정을 넘어가는데, 하늘은 여전히 밝았다. 노을이 지려는지 붉고 푸르른 색을 동시에 만들어냈다. 아이슬란드에서 여름에만 볼 수 있는 보라색 꽃의 이름은 루피너스Lupinus이다. 군락을 이루어 바람에 이리저리 흔들리는 모습을 보고 멈춰 서지 않을 사람은 없을 것이다. 차 사고가 나고, 또 비를 맞고, 꼴은 엉망인데 자정이 넘어 꾀죄죄한 모습으로 쪼그려 앉아 사진을 찍고 있으니, 제이가 말했다.

"에린, 원피스 가져오지 않았어? 갈아입고 사진 찍어봐."

"으응? 조금 피곤한데…"

피곤하다고 말은 했지만, 옷을 갈아입었다. 이렇게 사랑스러운 숙소에서 잠만 자고 가기는 아쉬웠다. 이토록 아름다운 루피너스 군락이 앞으로 맞이할 우리 집 앞에 피어있으리라는 보장도 없었다. 낯선 땅에 도착한 지 하루 만에, 꼬박 몸살을 앓고, 차가운 물에서 스노클링을 하고, 차사고가 나서 비를 맞으며 굶고 와서는 자정에 이런 풍경을 만날 줄이야!

"옷 갈아입고 사진 찍길 잘했지?"

조금 귀찮고, 피곤하고, 힘든 하루와 이틀을 보내고도 남은 에너지를 쥐어 짜내 그때 찍은 사진은 아이슬란드 여름에 머문 집을 기념할 가장

예쁜 사진 중 하나로 남았다.

　솔직히 말하자면 아름다운 숙소를 딱 하나만 뽑지 못해요. 자연 속에
덩그러니 놓인 아름다운 집이 하루가 멀다 하고 제게 와주었거든요.

아이슬란드에서 스노클링을?

코타키나발루에서 스노클링을 하다가 멀미가 난 이후로, 바다에서 하는 체험은 피하는 편이다. 하지만 '실프라 스노클링'이라는 타이틀에서 느껴지는 매력을 어떻게 거부할 수 있을까. 일렁이는 파도 없는 잔잔하고 차가운 얼음물 속을 유영할 수 있다니. 물고기 한 마리 살고 있지 않지만, 빙하가 녹은 물이니, 세상에서 가장 맑은 물이겠다. '물고기도 없으면 무슨 재미로 스노클링을 하는 걸까?' 같은 질문은 넣어두시라. 시리도록 맑고 투명한 물속 바닥을 내려다보는 일이란, 마치 하늘에서 패러글라이딩을 하는 기분과 비슷할 테니까. 그만큼 설레고, 거침없고, 간혹 섬뜩하다.

아이슬란드는 화산섬이다. 언제 어디서 터질지 모르는 화산활동은 지금도 현재진행형인데, 그로 인해 지각변동 또한 발생한다. 아이슬란드에는 두 개의 대륙판이 만나는 지점. 그러니까, 유라시아 대륙판과 북아메리카 대륙판이 맞닿은 지점이 있다. 싱벨리어 국립공원을 하이킹하면서 직접 두 대륙판을 걸어볼 수도 있지만, 실프라 스노클링을 하는 도중에는 물속에서 두 대륙판에 양손을 딛는 경험도 할 수 있다. 의미부여 아닌가 할 수 있겠지만, 그 의미는 실로 엄청나다. 이 두 개의 지각판으로 인해 아이슬란드의 화산활동이 이어지고 있기 때문이다. 빙하가 녹고,

화산이 폭발하며 아이슬란드 땅의 모양은 조금씩 변하고 있다.

물속에 있는 단단한 땅덩이 두 개를 손으로 짚고 힘을 주어 양쪽으로 밀어 본다. 마음은 슈퍼맨 저리 가라지만, 땅덩이는 꿈쩍도 하지 않는다. 그 순간 가이드는 수중 사진을 찍어주는데, 내 표정이 가관이다. 드라이슈트를 입으면 신기하게 몸이 저절로 물에 뜨는데도 불구하고, 바닷속을 계속 바라보고 있으면 패닉이 올 수도 있다. 최대 100m 아래 물속까지 볼 수 있기 때문이다. 밑도 끝도 없는 투명한 물속에 얼굴을 집어넣고 있으면, 마치 높은 건물에서 땅을 내려다보는 기분이 들기도 해서, 둥둥 떠 있는 데에도 어느 정도 용기가 필요했다. 숫자를 세어가며 리듬감 있게 호흡을 했다.

능숙한 가이드가 앞뒤에서 끌어주고 보호해 주기 때문에 걱정할 필요는 전혀 없다. 혹시라도 불편한 기분이 들면 먼저 물 밖으로 나올 수 있으니, 걱정은 깜깜한 물속으로 던져버리자. 드라이슈트가 체온을 어느 정도 유지시켜주므로 빙하가 녹은 물이라도 생각보다 춥지도 않다.

일렁이는 파도는 없었지만, 물에 떠서 부유하는 내 몸에서는 멀미의 기운이 스멀스멀 올라왔다. 다른 사람들은 더 못 즐겨서 아쉬울 시간이지만, 예민한 내 전정기관에 역시나 한계가 온 것 같다. 마지막 자유시간을 채 즐기지 못하고 먼저 뭍으로 나왔다. 드라이슈트 덕인지, 여름이라 그런지, 추위는 느껴지지 않았지만 몽롱해졌다. 오리발을 옆구리에 끼고, 커다란 스노클링 장비를 벗은 채로 실프라의 투명한 얼음물을 바라보았다. 해가 닿는 곳에 윤슬이 빛나고 있었다. 반짝거리는 물의 표면 위로 가끔 새의 그림자가 드리웠다. 잠시 숨을 고르며, 둥둥 떠다니는 사람들을 바라보았다.

· 소요시간 : 최대 3시간

· 4계절 가능

· 최소 연령 : 만 12세

· 난이도 : 쉬움

· 해양생태계와 산호초에 유해한 자외선 차단 원료인 옥시벤존과 옥티녹세이트, 옥토크릴렌이 첨가되지 않은 선크림을 사용하자.

실프라 신비에 휩싸인 차 사고

스노클링을 마치고 나서는 길에 운전대를 잡았는데, 내비게이션이 갑자기 반대편 길로 안내했다. 싸한 느낌이 뒷머리를 강타한다. 뭔가 이상했지만, 뾰족하게 날아온 촉을 결국 무시해 버렸다. 둘째 날이지만 실질적인 여행 첫날이고, 아마 시차 적응이 채 안 되었을 거다. 아침부터 빙하 속에 몸을 던진 후라 정신을 못 차린 것 같다. 가이드가 챙겨준 따뜻한 코코아도 한 잔 마셨고, 초코바로 배도 채웠다. 단지, 헝클어진 머리카락처럼 정신도 헝클어지고 말았던 것이다. 잘 가다 말고, '갑자기' 반대편으로 안내하는 GPS를 따라 차를 돌렸다. SUV 차량이 들어서기엔 턱없이 좁은 길 같았지만, 지름길이 있을 거라고 철저히 믿었다.

평소 제이는 구글맵으로 전체 루트를 미리 점검하곤 한다. 그날은 이상하게도 차량 내비게이션에만 의존했다. 우린 둘 다 그 흔한 별자리운 같은 미신에 관심이 없지만, 그날만큼은 뭔가에 홀린 게 분명했다.

길 입구에는 공사하다 만 듯한 작은 지게차가 서 있었다. 길이 좁긴 하지만, 찻길이 맞긴 맞나보다 하고 얕은 안심을 했다. 그런데 길은 어째 앞으로 가면 갈수록 점점 더 좁아졌다. 다시 뒤로 나갈 방법은 없었다. 위쪽으로는 드넓은 호수로 이어진 낭떠러지였고, 오른쪽은 얕은 산 지형이었다. 나무와 바위가 번갈아 서 있었기에 오른쪽으로 붙으면 바위에 차가 꿀렁이고, 왼쪽으로 붙으면 물속으로 빠져버릴 것만 같아 소리를 질렀다.

"악, 어떻게 해! 이러다가 물에 빠질 것만 같아. 악! 나뭇가지에 긁히겠어! 어떻게 하면 좋아. 이거 길이 아닌가 봐. 무서워!"

무서워진 나는 운전하는 제이를 옆에 두고 혼란스러운 상황에 기름을 들이붓고 있었다. 제이는 조금만 더 가면 큰 길이 나올 거라며, 느긋하게 자기 암시를 걸고 있었다.

길은 점점 더 좁아졌다. 더 이상 차가 갈 수 없는 길이라고 여겨질 즈음 차를 멈춰 세웠다. 뒤돌아 나갈 수 없다는 이유로 우리는 꾸역꾸역 멀리도 왔다. 제이는 차를 돌려보겠다고 했다. 길 오른쪽은 약간 경사진 바위였는데, 그 바위를 밟고 후진했다가 유턴해 보겠다는 작전이었다. 도저히 각도가 안 나왔다. 그렇다고 발만 동동 구를 수만도 없다고 생각한 제이는 과감히 유턴을 시도했다.

"부릉 부르릉!"

요란한 소리와 함께 차는 후진에 실패하고 처참히 미끄러졌다. 왼쪽 앞바퀴가 경사진 길 아래로 푹 빠져버렸다. 나는 비명을 지르며 호들갑을 떨었다. 침착해지자. 제이는 한 번 더 후진을 시도해 보고 싶어 했지만, 극구 말렸다. 그러다가 오른쪽 앞바퀴마저 빠져버리면 차가 앞으로 고꾸라질 것만 같았다. 영영 되돌릴 수 없는 길로 갈 터였다.

정신을 차리고, 렌터카 회사에 전화를 걸었다. 나의 놀란 목소리를 알아챈 건지, "다친 데 없냐?"고 묻는 직원 목소리를 듣고 눈물이 날 뻔했다. 자초지종을 설명하니 기술자와 견인차를 보낸다고 했다. 견인차가 과연 여기까지 들어올 수 있기나 한 건지 궁금했지만, 알아서 해줄

것이다. 이제부터 할 수 있는 건 기다리는 일밖에 없었다. 근처에 별장으로 추정되는 집의 문을 두드려 보았지만, 아무도 없었다. 한 시간, 두시간, 세 시간쯤 흘렀을까. 커다란 비닐봉지를 든 별장 주인이 다가와서 "왜 이곳으로 차를 끌고 들어왔냐?"고 물었다. 차 GPS를 따라왔다고 했다. 핀잔을 받을까 봐 잔뜩 긴장했는데, 위로와 함께 음료수를 하나 건네주었다. 화장실도 쓰게 해주었다. 집구경도 시켜주며 대화를 이어갔다. 한국에 대해 조금 안다고 했다. 그의 휴대폰으로 사진도 같이찍으며 긴장이 풀어질 무렵, 기술자가 도착했다. 안도의 한숨도 잠시, 생각지도 못한 말을 들었다.

알고 보니 그곳은 거대한 국립공원의 일부 지역이었다. 자연을 중시하는 북유럽 국가, 특히 아이슬란드에서 국립공원을 해치면 엄청난 벌금을 내야 하는 걸 뜻하기도 했다. 우리는 자연을 해치지는 않았지만, 차

가 되돌아나가는 길에 분명 조심해야 할 것이다. 심장이 쿵쾅거렸다. 국립공원 관계자들을 불러서, 어떻게 해야 할지 함께 상의하자고 하셨다.

기술자는 길 입구에 견인차를 세워두고 왔다고 한다. 그가 타고 온 차는 힘이 센 슈퍼지프 차량이었고, 벼랑 끝에 앞바퀴가 빠져버린 차를 끌어 올릴 만큼 충분한 힘이 있었다. 두꺼운 밧줄로 차를 연결했다. 한 번의 시도로 차가 끌려오지 않아서 얼마나 맘을 졸였는지 모른다. 부릉부릉 엔진 소리를 내는 슈퍼지프와 징징 헛바퀴 돌리는 우리 차량을 번갈아 보다가 눈을 질끈 감아버렸다. 다행히 두 번째 시도에서 차를 끌어 올렸다. 이 길을 빠져나갈 방도는 오직 후진으로 되돌아가는 방법뿐이었다.

국립공원 관계자들을 기다리느라 또 다른 한두 시간이 훌쩍 흘렀다. 그 사이 비가 내리기 시작했다. 축축한 습기가 발끝을 타고 올라오며 추위가 느껴졌다. 비가 내리는데도 벌레 떼가 윙윙거리며 주변을 맴돌았다. 오늘 하루를 망쳤다는 실망감, 국립공원에 피해를 준 것만 같은 미안

함, 피해를 입힌 건 아니지만 그럼에도 어떠한 이유로 처벌 같은 걸 받게 되지 않을까 하는 두려움 같은 감정이 머릿속을 휘저었다.

뒤늦게 국립공원 관계자들이 도착했다. 걸어온 모양이다. 그들 역시 친절하게 "괜찮은지"부터 물어봐 주었다. 왜 이 좁은 길로 들어왔느냐, 자연을 훼손시킨 건 아니냐, 따위의 질책 혹은 그런 눈빛조차 건네지 않았다. 최소한 아이슬란드 여행에서 영영 못 잊을 추억을 남긴 거 아니냐고 웃으며 농담을 건네주었다.

국립공원 관계자들은 후진으로 길을 빠져나간다는 계획에 동의했다. 후진만이 유일한 방법이었으니까. 나와 제이는 기술자의 슈퍼지프 옆자리에 올라탔다. 국립공원 관계자들은 우리 차를 운전했다. 결코 쉬운 길은 아니기에 긴장의 끈을 놓을 수 없었다. 후진으로 길을 빠져나오는 데 소요된 약 30분간, 압축된 긴장으로 인해 나는 곧 쓰러질 것만 같았다. 무심코 왼쪽으로 눈을 돌렸을 때 놀랍게도 아름다운 호수의 풍경이 눈앞에 펼쳐지고 있었다. 쿵쾅거리는 심장과 고요하기 그지없는 호수의 대비가 오묘하다고 생각하며 잠시 눈을 감았다.

결국 누군가가 길 입구에 있던 차단기와 안내판을 치워버린 걸로 결론이 났지만, 국립공원에서 난 사고라서 보험 적용이 안 된다는 이메일 통지서를 받고 충격에 빠져버리고 말았다. 분명히 차에 장착된 GPS 탓이기 때문에 우리 의견을 피력했다. 길 안내가 잘못된 차 내비게이션 화면을 사진으로 찍어두길 잘했다. 증거 사진 덕분에 협상이 진행되어 예정된 벌금의 50% 이상을 아낄 수 있었다.

해외에서 겪은 차 사고는 이번이 두 번째다. 몸이 다친 게 아니라면 놀란 가슴을 진정시키는 게 우선. 미리 많은 걱정을 할 필요가 없다는 걸 다시 한번 깨달았다.

Þetta Reddast

아이슬란드 사람들이 좋아하는 말이 있다. '모든 것이 다 잘될 거야'를 뜻하는 'Þetta Reddast^{쎄타 레다스트}'는 마치 아이슬란드 국가의 모토로 느껴질 정도이다.

영어로 'Everything is Going to be Okay'라는 표현과 비슷하다고 느꼈다. 탄자니아 여행에서 자주 들었던 'Hakuna Matata'도 떠올랐다. 다 괜찮아, 문제없어, 천천히 해, 걱정하지 마, 같은 의미로도 통용된다.

아이슬란드 사람들은 옛날부터 혹독한 기후와 황량한 땅에서 살아왔기 때문에 웬만한 힘든 일들은 이겨내고 넘어간다는 긍정적인 사고방식을 길렀다. 아무리 어려운 문제가 닥쳐도 결국엔 해결할 수 있다는 정신. 걱정하기보다는 낙관적으로 기다리는 마음.

그렇다고 아무 일도 하지 않으면서 괜찮아지길 기다린다는 것만은 아니다. 고정관념에서 벗어나 새로운 해결책을 시도하고 도전하면서, 'Þetta Reddast'의 마음가짐을 갖자고, 조용히 읊조렸다.

꽃으로 뒤덮인
아이슬란드의 여름

아이슬란드 여름 여행이 좋은 이유 중 하나는 꽃이다. 아름다운 자연을 자랑하면서도 나무는 많지 않지만, 꽃은 무려 5,000종이 넘는다. 아이슬란드에 도착하면 마치 우주 행성에 도착한 듯한 느낌을 받는다고 하는데, 여름에는 거기에 사랑이 더해진 느낌. 풍부하고 아름다운 생태계가 눈 앞에 펼쳐진 느낌. 마치 영화 속 아바타 행성 같다고 하면 조금 과장이겠지만, 그만큼 아름다운 꽃들이 우주를 장식한 모습을 상상해보면 어떨까.

여기서 아이슬란드의 비밀 아닌 비밀을 하나 밝혀보려 한다. 대자연을 자랑하는 드넓은 땅덩이에 의외로 나무가 많지 않다는 사실이다. 추운 날씨 때문에 나무를 베어 땔감으로 사용하다 보니 점점 나무의 숫자가 줄어들었고, 그건 불과 300년 만에 벌어진 일이라고 한다. 그들의 오래된 농담 중에 이런 말이 있다.

"아이슬란드 숲에서 길을 잃으면 어떻게 하지?"

"그냥 똑바로 일어서기만 하면 돼!"

아이슬란드는 끊임없이 나무를 심고, 숲을 만들려고 노력하고 있다. 정말 나무가 별로 없는 걸까, 하며 운전 중에 창밖으로 시선을 둘 때마다 나무를 찾아보았다. 마치 보물찾기라도 하듯, 나무가 있네! 라고 혼잣말을 내뱉을 때마다 속으로 숫자를 세었다. 무리 지어 숲을 이루려는 작은 군락지들을 발견하곤 했는데, 어쩜 이렇게 아름다운 자연 속에서 나무를 잃어갔을까 하고 생각해본다면 아쉬운 일이기도 했다. 다시 살려내고 있으니 다행이기도 하고. 나무는 이렇게 마땅히 사랑받아야 한다고 생각했다.

여름에 가장 많이 볼 수 있는 꽃은 아이슬란드어로 루피나Lupine이다. 렌터카로 링로드를 돌다 보면 자꾸만 차를 멈춰 세우고 사진을 찍게 만들고야 마는 보라색 꽃밭을 발견한다. 계절이 바뀌었음을 알리는 신호탄 같은 꽃이기도 하다. 봄이 막 끝나갈 때쯤, 쏟아지는 폭포수 옆에, 에메랄드빛 빙하 옆에, 푸르른 들판 위에 가득 피어있기도 한데, 남프랑스 라벤더 들판만큼이나 아름답다. 링로드를 돌다 보면 곧잘 발견하고야 말 꽃이긴 하지만, 특히 끝없이 펼쳐진 보라색 물결을 감상하고 싶다면, 구글 지도에 'Ingjaldshólskirkja'를 검색해보자. 아이슬란드를 방문해야 할 이유가 하나 더 생기고야 말 테니.

보라색 꽃물결이 워낙 유명하다 보니, 일부 사람들은 아이슬란드 국화로 오해하고 있기도 하다. 루피너스라고도 불리는 루피나는 1940년 알래스카와 캐나다 북부에서 전해져온 이후로 아이슬란드 전역에서 그 범위를 넓히고 있을 뿐, 아이슬란드 국화는 담자리꽃나무Mountain Avens다. 마치 계란꽃이라고 불리는 데이지와 닮은 것 같지만 조금 더 작고, 귀여울까. 꽃잎은 한 10개쯤이라는 것 같은데 아이슬란드에서 담자리꽃나무를 만난다면, 꽃잎을 한 장 한 장 세어보자. 야생에서 꽃을 발견하는 기쁨과 함께 꽃잎을 세며 사랑하는 마음을 느껴보자. 담자리꽃나무의

꽃말은 두 가지가 있는데, 하나는 어린아이처럼 느끼는 기쁨. 또 하나
는, 이해받을 필요 없이 우리가 우리 자신이 되는 것을 상징한다고 한다.

누군가의 시선도 겁내지 않고 어린아이처럼 마냥 기뻐하던 때가 언
제였을까. 이해를 받기 위해 애쓰는 일보다 자신을 사랑하는 일이 우선
이라는 걸, 이렇게 문득 나무를 찾다가, 꽃에 감탄하다가 깨닫곤 했다.

꽃보다 빙하 하이킹

탐험가는 아니지만, 기회가 주어진다면 'Why not?' 정신으로 임한다. 평소 왕성한 활동가형 스타일은 아니라도, 적당한 운동으로 적당한 체력을 유지하는 편이다. 적당히 탑재된 도전정신은 1등은 아니더라도 꼴찌는 면할 정도로 악착을 불러일으키는데, 아이슬란드 빙하 하이킹이 그랬다. 재미보다는 도전에 가까웠다. 출발지점까지 걸어가는 와중에도 선두를 놓치지 않으려 애썼더니 그룹은 둘로 나뉘었고, 선두그룹은 조금 더 힘든 코스를 밟게 된 것이다. 똑같은 5시간짜리 코스지만, 담당 가이드 역량에 따라 하이킹코스는 조금씩 바뀌는 듯했다.

보통 아이슬란드 빙하 하이킹을 한다고 하면, 빙하도끼로 빙하를 내려찍는 장면이나 미리 준비해 간 위스키를 한 잔 따라 마시며 폼을 잡는 장면을 떠올릴지도 모르겠다. 그런데 다섯 시간짜리 투어는 달랐다. 솔직히 말하자면, 나도 이렇게까지 얼음 산을 '오르기만' 할 줄은 몰랐다. 세 시간짜리는 빙하 입구까지 오르는 재미만 보고 끝난다는 후기를 보고, "그렇다면 당연히 다섯 시간 하이킹이지!"를 외치며 신청했을 뿐인데. 아이젠 감긴 등산화로 빙하를 콕콕 내리찍으며 오르는 길은 결코 평탄치 않았으니… '차라리 두 번째 그룹에 속하는 게 나았으려나?' 하는 생각마저 들었다. 하지만, 다시 한번 빙하 하이킹을 할 기회가 생긴

다면, 그때도 다섯 시간짜리를 선택할 것이다. 놀랍고도 독특한 경험을 하며 많은 생각을 했고, 배웠고, 깨달았다. 나를 조금 더 알게 되었다.

처음 한동안은 아이젠을 빙하도끼에 걸어둔 채 들고 걷다가 나지막한 언덕 위로 올라가서 아이젠을 착용했다. 계속 오르다가 첫 번째 빙하 포인트에 도달했는데, 아마 그즈음이 짧은 하이킹코스의 목적지인 것 같았다. 거기서도 충분히 아래가 내려다보이고, 배경에는 삐죽삐죽 빙하산이 솟아 올라있고, 졸졸졸 맑은 물이 흘러 내려오는 구간도 있었다. 반짝반짝 빛나는 눈에 쪼그려 앉아 사진도 찍으며 쉬어가는 시간도 잠시, 우리 팀은 계속 탐험을 이어갔다. 건장한 체구의 외국인들 틈에서 꼬리가 되지 않으려고 부지런히 발을 떼었다. 가쁜 숨을 몰아쉬며, 얼음에 쿠욱 쿠쿡 박히는 아이젠 소리를 귀에 담았다.

올라가는 길은 보기보다 더 가파르고 거칠게 느껴졌는데, 중간중간 경사가 높은 곳에서는 가이드가 도끼로 찍어가며 길을 내주었다. 뒤따르는 우리도 아이젠으로 꽉꽉 내리찍으며 걸어야 했다.

어느 정도 높이 올랐을 때, 깨끗한 빙하수가 가녀린 폭포수처럼 쏟아지는 구간에서 멈춰 섰다. 미리 준비한 텀블러에 세상에서 제일 맑은 빙하수를 받아서 벌컥벌컥 마셔보았다. 정말 시원했다. 그러니까, 단순히 차가워서 느끼는 시원함이 아니라 극도로 깨끗하기 때문에 느껴지는 맑음. 순도 100%의 특별한 맛. 얼음장처럼 차갑다는 느낌과 별개로 아사삭 하는 상쾌함을 느꼈다. 아이슬란드의 수돗물은 이미 빙하수를 사용하기 때문에 레스토랑이나 가정집도 다 그냥 수돗물을 마신다면서 무슨 차이가 있느냐 궁금할 수 있겠다. 여긴 사람의 발길이 거의 닿지 않은 산꼭대기 아닌가. 게다가 아이슬란드에서 가장 높은 산 크반나달스흐누퀴르Hvannadalshnjúkur 봉우리가 보일 정도로 고립된 곳, 나밖에 없다는 착각이 들 정도로 만년설에 뒤덮인 새하얀 세상이었다.

각자 준비해온 음식으로 간단한 점심식사를 했다. 마음 같아서는 컵라면 냄새를 솔솔 풍기며 사람들에게도 나눠주고 싶었지만, 우리가 준비한 건 에너지바 몇 개와 맛밤이었다. 다른 사람들도 바나나와 샌드위치 정도가 전부였다. 김밥 생각이 간절했다. 눈앞의 절경을 감상하는 것만으로도 배가 불렀지만, 올라온 만큼 내려갈 생각에 에너지를 채웠다.

빙하산을 탐험하는 길에 크레바스Crevasse를 몇 번 만났다. 빙하가 움직이며 만들어낸 틈인데, 가늠할 수 없을 정도로 깊이 뻗어있어 자칫 발을 헛디디면 위험하다. 특히 커다란 크레바스를 만났을 때는 가이드가 한 사람씩 손을 잡아주어 속을 바라볼 수 있는 기회를 주었는데, 아찔해서

차마 내려다볼 수가 없었다. 얼음동굴과 마찬가지로 자연이 만들어낸 빙하의 모양은 매년, 매일 달라지기 때문에 조심하고 또 조심하며 가이드를 잘 따르는 게 정답이다.

사계절 가능한 스카프타펠 빙하 하이킹을 여름에 올랐더니 빙하에 화산재가 묻어나 신비로운 풍광을 자아냈다. 영화 「인터스텔라」의 촬영지가 바로 이곳이다. 우주복을 입고 새로운 행성에 도달했던 장면을 탄생시킨 곳. 말 그대로 어딘가에 존재하는 우주 행성을 닮은 곳. 링로드를 한 바퀴 돌며 차창 밖 풍경만 감상해도 좋은 게 아이슬란드라지만, 한편으로는 특별한 경험을 사서 고생해 봐도 좋은 곳이 아이슬란드이다. 불과 얼음의 땅이라는 이름을 온전히 느껴보자. 하루쯤은 빙하를 오르며 세상을 내려다보자. 내가 얼마나 작은 존재인지, 작고 연약한 나를 품어주는 세상은 얼마나 크고 또 아름다운지, 십분 느낀 하루였다. 그렇게 아이슬란드는 나를 품어 안았고, 나는 불과 얼음의 땅 아이슬란드를 끌어안았다.

| 빙하 하이킹 준비물 및 팁

· 레이어드로 얇은 옷 여러 겹 껴입기
· 방수 재킷 필수, 방수 바지 권장
· 발목까지 오는 등산화 (대여 가능)
· 비니 혹은 볼캡 (안전모 안에 쓸 용도)
· 목도리 대신 넥워머 추천
· 장갑 (방수 장갑 혹은 손가락장갑 추천)
· 선글라스 필수
· 점심시간에 먹을 간단한 식사
· 텀블러 (빙하수 담을 용도)
· 미니 위스키 (사진 찍을 용도)
· 카메라 (스마트폰 카메라 추천)
· 화장실은 집결지에서 미리 가기
· 최소 연령 만 14세

코끝을 찌르는 냄새가 나는 우주 행성

첫날 아파서 잠들었던 에어비앤비 숙소(기억하나요?)에서의 고충이 하나 더 있었다. 바로 냄새. 세면대에서 세수하려고 허리를 숙였는데, 우웩하고 헛구역질이 나왔다. 하수구 냄새가 이렇게 심해도 되는 건가? 세수할 때는 숨을 참았고, 양치질할 때는 두 손가락으로 코를 막은 채 입을 헹궜다.

잠을 자려고 누웠다가 갑자기 깨달았다. 어쩌면 이게 바로 아이슬란드에서 흔하다는 그 냄새? 아이슬란드 케플라비크 공항에 도착하면 매캐한 유황 냄새에 킁킁거리게 된다는 말을 들은 적이 있다. 지하 온천수를 끌어다 쓰는 숙소의 화장실에서도 유황 냄새가 날 수 있다는 말도 기억해냈다. 아무리 그래도 그렇지, 냄새가 이렇게 심하다고? 첫날 이후 이렇게 심한 냄새가 나는 숙소는 경험하지 않았으므로, 그건 역시 첫 숙소의 문제로 결론이 났다. 그럼에도 가끔은 미세하게 불쾌한 냄새가 느껴질 때는 있었다. 그런 물은 미끌미끌하기까지 했는데, 피부에 좋은 온천수라고 했다. 실제로 샤워를 마친 후에는 피부가 부드러워진 느낌이 들기도 했다.

아이슬란드는 화산활동이 잦다. 덕분에 지열 온천이 발달했고, 지하 온천수를 끌어다가 수돗물로 사용한다. 유황을 함유한 물이기 때문에 특유의 냄새가 나는 건 어쩔 수 없는데, 과거에 비해 최근에 지어진 숙소들 혹은 리모델링한 숙소들은 냄새를 확 줄였다.

유황 냄새의 진가를 경험한 건, 흐베리르Hverir라는 거대한 지열 지대에 갔을 때다. 가기 전에는 내 관심을 끌지 않았다. 도착하기 전까지도 시큰둥했다. '지열 지대가 뭐?'라고 생각했다. 이런 비슷한 생각, 예컨대, '그래서 폭포가 뭐?' 같은 시큰둥한 마음이 아이슬란드를 여행하는 내내 슬며시 고개를 들었다가 바로 꼬리를 내리곤 했다. 자연을 감상하러 왔지만, 굳이 관광지를 가고 싶지 않다는 심통이었다. 이내 사람이 몰려드는 관광지는 이유가 있다는 깨달음을 얻었다. 관광지라는 말은 어울리지 않는다. 아이슬란드에서는 자연 속 신비만이 있을 뿐이다.

운전하며 흐베리르 지역으로 다가갈 때 이미 심장이 두근거렸다. 이래서 아이슬란드를 우주 같다고 하는구나. 드넓은 땅, 사막같이 펼쳐진 땅 곳곳이 부글부글 끓고 있었다. 하늘은 파랗고, 황무지 같은 땅은 회갈색을 띠고 있다. 허연 연기가 여기저기서 솟아오르는 모습은 흡사 거대한 지구 생명체가 숨을 쉬는 것처럼 보였다.

가까이 다가가다가 깜짝 놀라고 말았다. 코끝을 찌르는 유황 냄새가 이렇게 심할 줄 몰랐다. 호흡이 가빠지고, 머리가 지끈거리기 시작했다. 설마 냄새 때문에? 당장 코를 막고, 입으로 숨을 쉬었다. 궁금한 건 바로 구글링을 해보는 편이라 흐베리르와 두통과의 연관성을 검색했다. 흐베리르 지열 지대에서 올라오는 연기 즉, 가스로 인해 두통 및 어지럼증이 심지어 며칠이나 지속될 수 있으니 주의하란다. 화산폭발 직후, 화산지대에 용암을 보러 가는 관광객들을 막는 이유와 같았다. 화산지대에서 나오는 가스의 주성분으로 아황산가스가 포함되는데, 이는 생물에

게 유독하기 때문이었다.

흐베리르에 현재 화산활동은 없지만, 지난 천 년간 무려 100회 이상의 화산폭발이 있었다. 화산활동의 영향으로 유황을 비롯한 부산물이 지속적으로 끓고 있는 것이다. 이런 활동이 이어지는 곳을 지열 지대라고 부른다.

드넓은 흐베리르 지열 지대는 가히 놀라운 풍경을 자아낸다. 어린 시절 만화에서 본 마녀의 수프처럼 끓고 있는 땅, 세찬 압력으로 튀어 오르는 물줄기, 흐르는 물줄기를 따라 녹아내린 광물이 만들어낸 노랗고 붉고 푸른 색깔의 흙. 이 모든 색감의 조화에 수증기가 어우러져 몽환적인 분위기를 만들어낸다. 거기에 더해진 달걀 썩은 냄새 덕분에 이내 몽롱해지고 만다. 안타깝게도 오래 머물기에 어려운 곳이지만, 들러보자. 신비롭게도 사진을 찍으면 어찌하여 그토록 사진작가들이 선호하는 지역인지를 단번에 이해하게 될 것이다. 눈으로 보는 광경도 놀라웠지만, 카메라에 담긴 흐베리르의 색감은 마치 아름다운 우주 행성을 떠올리게 할 테니까.

랑구스틴을 아시나요?

아이슬란드에서 꼭 먹어야 할 음식을 묻는다면, 파쿠스Pakkhus에서 먹는 랑구스틴Langoustine이라 답하겠다. 워낙 잘 알려진 맛집이기도 하지만, 베가본드 대장님의 강력 추천 맛집이라 꼭 가보려고 별을 콕 찍어두었다. 거의 음식점을 목표로 하고 그 마을을 가는 기분이랄까. 내가 좋아하는 해산물이 메인인 데다, 특별한 요리라곤 없는 아이슬란드에서 인정받는 맛집이라니, 여행 코스에 넣을 이유가 충분하지 않은가!

랑구스틴은 미니 가재 느낌이다. 뭇사람들은 '딱새우 같다'라고 말하지만, 오히려 가재 같다고 표현해야 맞다. 바닷가재보다 크기가 작지만, 보통의 새우보다는 크고 길쭉하다. 껍질은 처음부터 주황색이라 열을 가한다고 해서 색깔이 변하지 않는다. 랑고스틴이라고도 하며, 노르웨이에서는 노르웨이 랍스터Norway Lobster, 이탈리아에서는 스캄피Scampi라고도 한다.

랑구스틴은 비교적 잡기가 어려운 편인데다 그 맛이 극도로 좋아, 먹어 본 음식 중 단연 TOP 10에 속한다는 말을 종종 듣는다. '푸아그라를 대체'하는 음식이라고 표현되기도 하는데, 단순히 새우나 가재가 주는 쫄깃하고도 담백한 식감을 넘어서 '고기 같다'고도 한다. 랑구스틴은 머리와 꼬리까지 다 먹을 수 있는데, 그래서 랑구스틴 전체가 나오는 요리 혹은, 버터에 구운 꼬리 요리가 유명하다.

숙소 창문에서 노란색 외벽의 파쿠스 레스토랑이 보였다. 일찍 갔는데도 웨이팅 번호를 받았다. 지하 대기 장소에 머무르는 사람들의 얼굴마다 설렘이 묻어 나왔다. 우리는 주로 많이 시킨다는 메뉴를 주문했고, 맛있게 먹고 있었는데 글쎄, 랑구스틴 구이만 가득 모은 한 접시를 더 주시는 게 아닌가! 눈을 동그랗게 뜨고 직원을 쳐다보니 웃으며 말했다.

"셰프가 그러는데, 구운 랑구스틴이 충분히 담기지 않았대. 미안해서 더 준다고 하시네."

오호. '양이 많아진 것 같아서 다 못 먹으면 어떻게 하지?'라는 걱정은 순식간에 사라졌다.

약간 달콤한 듯하면서도 짭조름하고, 기름기가 적어 담백하면서도 충분히 배어 나오는 즙은 풍미를 살린다. 쫄깃한 듯하면서도 단단한 하얀

속살이 갈릭버터 혹은 화이트 크림과 만난 조화는 그야말로 환상! 신선한 바다향이 입안 가득 퍼진다. 금세 접시가 비었다.

회픈Höfn은 호픈이라고 발음하기도 한다. 항구라는 뜻을 가지고 있는 회픈은 남동쪽에 위치하고 있어서 아이슬란드 링로드를 도는 여행자가 거쳐 가는 거점도시다. 여행 기간이 짧아 남부투어만 한다 해도 회픈은 거쳐 가자. 아이슬란드 회픈에서 먹는 랑구스틴은 절대 잊지 못할 인생 음식이 될 것이다!

현재에 집중하기

'미래를 기억한다'는 말에 대해, 독서모임 친구들, 글쓰기 모임 친구들과 이야기 나눈 적이 있다. 김연수 작가님의 책을 읽은 뒤였다.

미래를 기억한다는 말은 '현재에 집중한다'는 말이 아닐까, 결론 내렸다.

지는 기분이 들더라도, 계속 지고 있을지라도, 현재에 집중하면 미래를 기억할 수 있다. 누구나 꿈꾸는 '평범한' 미래를 만들어가는 원동력 같은 것.

· 아이슬란드 운전 중에 만나는 풍경에 집중하기
· 기대치 않은 곳에서 만난 의자를 지나치지 말기
· 의자에 앉아 잠시 숨을 고르고 바람을 느끼기

안개를 뚫고 간 마을

세이디스피요르두르Seyðisfjörður 가는 길은 아름답기로 유명한데, 우리
가 간 날은 곰탕이었다. 안개가 자욱한 현상을 이렇게 부르기도 한단다.
외길을 돌아 돌아 산을 넘는 길에 거짓말 안 보태고, 한 치 앞도 보이질
않았다. 이럴 때 함부로 멈췄다가는 뒤따라오는 차와 사고가 날 수 있
다며, 제이는 조심스럽게 운전을 이어갔다. 산 아래 펼쳐진 절경은 둘
째치고, 세상 안개 다 모인 듯한 하얀 공기를 뚫고 간다는 건 정말이지
겁이 나는 일이었다. 심지어 차선이 거의 보이지 않아 의존할 수 있는
건 내비게이션 화면뿐이었다. 맞은편에서 차가 올까 봐, 갑자기 동물이
튀어나올까 봐, 길을 벗어날까 봐, 겁을 잔뜩 먹고 엉금엉금 기어갔다.

겨우 도착한 마을은 아이슬란드에서 아름답기로 소문난 곳이었지만,
그날은 을씨년스럽기 그지없었다.

한국에서 이런 생각을 할 때가 있다. 잔뜩 흐린 어느 날에 서울 한복판
에서 여행자로 추정되는 외국인 무리를 만났을 때 그렇다. '아, 아쉽다!'
고 혼잣말을 하며 얕은 탄식을 내뱉는다. '날씨가 좋았다면 한국의 아름
다운 모습을 경험할 텐데… 하필 흐린 날에 여행을 하시는구나' 하고 안
타까운 마음이 드는 것이다. 누가 보면 쓸데없는 걱정이라고 할지 모르
겠다. 여행자로서 여행하다 날씨 운이 안 맞을 때가 종종 있다 보니 자

연스럽게 드는 생각이다. 비가 오면 비가 오는 대로 좋은 게 여행이라지만, 내내 아쉬움이 남는 건 어쩔 수 없는 일이기도 하다.

분명 여름인데도 추운 날씨 때문인지, 마을에는 사람들이 거의 보이지 않았다. 흔한 핫도그 가판대 하나 보이질 않았고, 식당은 저 멀리 있다 하여 걸어가는 길목 주변을 두리번거렸지만, 을씨년스러운 기운은 바뀔 기색이 보이지 않았다.

빨간 외벽의 레스토랑은 영화 「월터의 상상은 현실이 된다」의 배경이기도 하다. 춥고, 피곤하고, 배가 고픈 날이라 조금 비싸도 맛있는 한 끼를 먹기로 했다. '오늘의 생선' 요리 하나와 또 다른 생선 요리 하나를 주문했다.

아이슬란드의 특징 중 하나는 레스토랑에서 꼭 차려야 할 격식 중 하

나인 복장에 큰 구애를 받지 않는다는 점이다. 대부분 여행자들이고, 대부분 하이킹이나 투어를 하기 때문에, 방수 재킷이나 등산화가 필수라는 걸 이해하기 때문이다. 사람들이 대개 비슷한 복장을 하고 있다는 사실이 묘하게 위안이 될 때가 있다. 물론, 수도인 레이캬비크에서는 조금 달라지긴 하지만 말이다.

식사 후에 들르려고 했던 이색 펍이 있어서 꼭 가고 싶었는데, 분위기만 살피다가 숙소로 돌아가야만 했다. 펍 앞에까지 갔다가 지독한 추위가 몸을 감쌌기 때문이다. 이 글을 본 여러분 중 누군가가 세이디스피요르두르에 간다면, 꼭 이곳에 가보길 바란다. 식사류는 판매하지 않지만, 약간의 간식과 함께 따뜻한 코코아 혹은 위스키를 마시기에 딱 좋다. 아늑하고도 활기찬 분위기가 묘하게 상반되는데, 신기하도록 편안하다. 마치 내 집에서 음악을 틀어둔 기분이랄까. 그러다가 갑자기 여행자라는 사실을 자각하게 되는데, "무슨 음료를 마시겠어요?"라는 질문에 대답하느라 골똘히 생각하는 동안 그렇다. 맥주잔 부딪히며 음악에 몸을 맡겨도 좋고, 창밖을 바라보며 조용히 사색에 잠겨도 전혀 이상하지 않을, 재미난 공간임이 분명하다.

• 레스토랑 : Hótel Aldan Restaurant
• 펍 : Kiosk 108

웨일 와칭을 놓치다

아이슬란드 여행에서 빠질 수 없는 투어 중 하나는 '웨일 와칭Whale Watching'이다. 보트를 타고 바다로 나가 커다란 고래를 관찰하는 건데, 운이 좋으면 집채만 한 고래가 물을 뿜는 모습부터 거대한 꼬리를 보여주는 모습까지 볼 수 있다.

아이슬란드의 여름에는 풍부한 일조량 덕분에 크릴새우 등 다양한 물고기가 서식하기 좋은 수온이 유지되는데, 덕분에 밍크고래, 향유고래, 혹등고래 등 20종이 넘는 고래가 모여든다. 해변에 떠밀려온 고래를 뜻하는 표현인 'Beached Whale'은 아이슬란드어로 하면 '흐발레키Hvalreki'인데, '뜻밖의 행운'이라는 의미도 가지고 있다. 그만큼 고래는 아이슬란드에서 행운과 기쁨을 상징한다.

레이캬비크에서 머물며 간편하게 웨일 와칭 투어를 떠날 수도 있지만, 여름철에는 북부의 후사빅Husavik에서 혹등고래를 잘 관찰할 수 있다길래 스케줄을 조정했다. 몸길이가 11~16m에 달하는 혹등고래가 바다 위로 점프하는 모습을 볼 수 있진 않을까 하며 두근두근 아침이 오길 기다렸는데, 이런.

실수로 후사빅 출발 고래투어가 아닌, 레이캬비크 출발 고래투어를 신청한 것이다. 바우처를 받은 후에 미리 한 번쯤 확인을 했어야 했는데, 평소와 달리 이렇게 설레발만 치다가 후회를 하고야 만다. 24시간이 채 남지 않은 전날 밤 발견한 뒤, 다시 일정 변경을 하기엔 무리였으니….

갑자기 비어버린 오전 반나절에 먼바다를 보며 생각했다.

'바다로 투어를 떠났어도 어차피 못 봤을지도 몰라(웃음).'

아름다운 내륙 고원지대, 랜드만날라우가르

보통 아이슬란드 여행을 한다고 하면 링로드를 한 바퀴 도는 여정을 택한다. 그마저도 겨울 여행을 떠나거나 일정이 짧을 경우엔 남부 골든 서클만 둘러보기도 하는데, 아이슬란드 풍경의 진가는 하일랜드에서부터 시작된다는 걸 기억하자.

현지인들은 하울렌디드^{Hálendið}라고 부르고, 여행자들은 하일랜드 ^{Highland} 혹은, 인랜드^{Inland}라고 부른다. 그중에서도 가장 인기가 많은 랜드만날라우가르^{Landmannalaugar}는 해발 400~500m 높이에 이르는 내륙 고원지대이다. 신비한 천연색을 자아내는 유문암(화산암의 일종) 산과 들판, 잔잔한 호수와 크고 작은 폭포들, 말로 표현하기엔 너무나 아름다운 지형으로 이루어진 이곳의 풍경은 여행자들로 인해 비로소 완성되는 듯하다.

이곳에 가려면 오랜 시간에 거쳐 유유히 흐르고 있는 강을 건너는 이른바 '도강'을 해내야 한다. 당연히 사륜구동 운전이 필수인데, 사륜구동 자동차를 렌트했다고 다가 아니다. 마음을 단단히 먹고 도강에 임하지 않으면, 중간에 차가 멈춰 설지도 모른다! 여기까지 읽고 눈치챈 분들도 있겠지만, 그렇다. 하일랜드 여행은 여름 성수기에만 가능하다. 겨울에는 눈보라 등 기상악화로 인해 내륙지역으로 들어가는 길이 막히

기 때문이다. 혹여 맑은 날이라도 눈이 쌓이고 길이 험하기 때문에 개인 여행자들에게는 금지된 곳이다.

　여름 아이슬란드 여행을 택한 이유 중 하나도 바로 이 어마어마한 풍경에 둘러싸여 하이킹을 해보고 싶어서였다. 처음에는 직접 도강에 도전할 계획까지 세웠다. 그런데 후기를 보면 볼수록 쉬운 일이 아니라는 걸 느꼈기에, 결국 하일랜드 슈퍼지프 투어를 경험해 보기로 결정했다. 안 그래도 차 사고를 겪어 겁이 났던데다, 인증받은 투어 업체를 이용하면 개인 여행자가 갈 수 없는 지역까지 갈 수 있다기에 내린 결정이었다. 이 결정은 두고두고 잘한 일이라고 회자될 터였다. 산길은 험하고 꿀렁거려 차가 전복되지는 않을까 하는 걱정이 이어졌고, 도강하다 물속에서 멈춰 버린 차들을 구조하는 행렬도 목격했다. 바퀴가 거의 잠길 듯한 깊이의 물속에서, 유속을 견디며 브레이크 한 번 잡지 않고 운전해 내기란 어려워 보였다. 특히 비가 온 다음 날이라도 된다면 물의 깊이는 더 깊어져 위험해질 수도 있었다. 다행히 우리가 탄 슈퍼지프는 미끄러지듯 힘차게 물속을 헤쳐나갔다.

목적지에 도착하니, 주차장에 크고 작은 텐트가 가득해서 깜짝 놀랐다. 작은 공용 화장실을 사용하는 열악한 환경을 탓하기보다는, 영화처럼 아름다운 밤을 지새우길 선택한 그들이 부럽기도 했다. 바위에 올라앉아 책을 읽는 사람, 흐르는 물에 그릇을 씻는 사람, 지열 온천에 몸을 담근 채 담소를 나누는 사람들…. 저마다의 시간이 각자의 속도대로 흐르고 있었다.

하이킹은 순조로웠다. 몇 걸음에 한 번씩 휙휙 바뀌는 신비한 풍경에 자꾸 멈춰 섰을 뿐. 뾰족하게 내리꽂는 햇살과 얼굴을 감싸는 따스한 바람이 더없이 포근하게 느껴졌다. 여행을 하면 할수록 익숙해지기는커녕 매번 새롭고 낯설게 다가오는 이 작은 행복감을, 오래오래 간직해야겠다고 생각했다.

캠핑하는 사람들 앞에는 작은 지열 온천이 있다. 그야말로 땅바닥 한쪽에 둥그렇게 생긴 자연 온천이다. 사람들은 그 앞에서 마구잡이로 옷을 갈아입는다. 실수로 엉덩이를 내보이기도 한다. 경험하고 싶다면 미리 수영복을 입고 가는 걸 추천하고 싶은데 글쎄, 이제 우당탕탕 모여서 옷을 갈아입는 재미는 끝난 것 같다. 우리가 방문했을 당시, 옷을 갈아입을 수 있는 탈의실을 만드는 중이었다. 대자연 속 사람들의 편의를 위한 공간이 하나하나 생길 때마다, 어떤 이는 안타까워하고, 어떤 이는 반색한다. 관광업계로 경제가 살아난 아이슬란드 역시, 여행자들이 가져온 양날의 검을 어떻게 잘 받아들일지 늘 고민하는 중이다.

아이슬란드 말, 반할지도

하일랜드 투어를 오가는 중에 영화 같은 장면을 목격했다. 슈퍼지프 투어 코스는 혼자 가기 어려운 몇몇 장소를 포함하고 있다는 점인데, 행운처럼 우리에게 다가온 풍경은 다름 아닌 '말'이었다.

아이슬란드 말은 조금 특별하다. 과거 스칸디나비아 출신 바이킹이 아이슬란드에 정착할 때 말을 데리고 온 이후, 아이슬란드에서만 번식하고 자랐다. 덕분에 전 세계의 다른 말과는 다른 품종으로 구별되는 순수 혈통을 자랑한다. 여행 중에 길가에서 서너 마리의 말이 풀을 뜯고 있는 모습을 발견할지 모른다. 키가 작고, 갈기가 풍성하여 귀엽다는 첫인상이 남을 것이다.

아이슬란드 말은 다른 말들이 걷는 세 가지 방식 외에도 튈트Tölt라는 걸음걸이를 수행한다는 점에서 특별하다. 튈트는 4박자에 맞춰 발걸음을 하나씩 내디디며 걷는 방식인데, 사람이 타기에 가장 안정된 걸음걸이라고 한다. 가이드의 설명을 들으며 점점 눈앞으로 달려오는 말 무리의 다리를 주시했다.

오, 아이슬란드 말이 마치 사람처럼 걷고 뛰는 것 같았다. 속도를 점점 높여 달려오는 모습을 보니 더 이상 작고 귀엽게 느껴지지 않았다. 우아하면서도 날렵한 몸짓에 반해버렸다.

　혹독한 자연환경에 대비해 스스로 강해지도록, 빨라지도록 수년간 단련해 왔다고 하니 놀라울 뿐이었다.

　그날 나는 우연히 만난 아이슬란드 말들의 이동을 보며 배웠다. 스스로 습득한 나만의 무언가를 가지고 있다는 사실이 얼마나 호소력 짙은 매력으로 다가오는지, 얼마나 아름다울 수 있는지!

아이슬란드로 오라

아이슬란드는 '아이슬란드로 오라!'는 관광 마케팅의 일환으로 재미있는 아이디어를 내세운 적이 있다. 아이슬란드로 휴가를 오면, 이메일 답장을 대신해준다는 것이었다. 누가? 아이슬란드 말이!

'OutHorse Your Email to Iceland's Horses'는 말이 커다란 키보드 자판 위를 걸어감으로써 이메일 답장을 해주는 이벤트성 마케팅이었다.

언젠가부터 일과 휴식의 경계를 없애고, 일을 삶의 관점에서 바라보며 살고 있던 내게 잠시 떠나오라는 메시지를 주는 것만 같았다. 이메일을 꺼두고, 세상과 단절한 채 아예 다른 세상으로의 여행은 용기가 필요한 일이지만, 조금씩 다가가는 중이다. 그러다 보면 언젠가 길을 잃겠지. 길을 잃기 위해서 떠난 여행에서 길을 잃는 대신, 나를 알아가고 있었다.

용암이 훑고 지나간 자리,
라바 필드

아이슬란드는 화산폭발의 위험을 늘 감지하고 있다. 과거에 폭발했던 화산은 곳곳에 용암지대라 불리는 라바 필드^{Lava field}를 형성했는데, 링 로드를 돌며 발견하는 라바 필드는 정말 장관이다. 몇 번이나 차를 세우고 쉬어갔는지 모른다.

여름엔 새싹 같은 연둣빛과 청개구리 같은 초록빛이 어우러진 이끼가 덮여 몽글몽글한 푸른빛을 내뿜는다. 용암이 흘러 시간이 흐르며 형태를 만들고, 이런 형태의 평원이 끝없이 펼쳐질 수 있구나. 뾰족하게 솟아오른 꽃이나 나무도 없이, 그늘진 곳 하나 없이, 태양이 뿜어내는 빛이 그대로 뿌려지는 땅. 바람이 불어와도 흔들림이 없는 땅. 비가 내리면 고개 숙인 전설 속 바위 트롤들이 기지개를 펴며 일어날 것만 같았다.

이끼가 특히 많은 지역이 있다. 라바 필드 전체가 이끼로 덮여있는 곳에서는 그 생김새가 무척 포근하여, 자박자박 걸어보고 싶은 충동을 느낀다. 하지만 아이슬란드 이끼를 함부로 세게 밟거나 발로 차면 안 된다. 이끼가 한 번 죽으면, 되살아나기까지 굉장히 오랜 시간이 걸린다고 한다. 이끼도 아이슬란드에서 보호하는 자연의 일부이기 때문에, 최대한 길이 나 있는 곳으로 다녀야 한다. 하이킹을 하다가 어쩔 수 없이 이끼를 밟아야 하는 순간을 마주한다면, 살포시 밟아서 피해를 주지 않도록 노력하자.

| 아이슬란드 라바 필드

1. Berserkjahraun ^{베르세르캬흐라운}

   Snæfellsnesvegur, 341, Iceland

2. Eldhraun ^{엘드흐뢰인}

   881, Iceland (between Vik and Skaftafell)

3. Leirhnjúkur ^{레이흐뉴쿠르}

   660, Iceland (near Lake Myvatn)

4. Dimmuborgir ^{딤무보르기르}

   660 Skutustadhir (in the Lake Mývatn area)

5. Lóndrangar ^{론드란가르}

   356 Hellnar (Snæfellnes Peninsula)

웨스트피요르드의
작은 오두막 숙소

평점 2.7
정말 끔찍한 숙소.
침대에 시트가 없음. 추가로 비싼 돈을 지불해야 함.
숙소 주인이 친절하지 않음. 직접 만든 물건을 사라고 부추김.
아름다운 자연 속에 위치하지만, 찾아가기 어려움.

아이슬란드 웨스트피요르드Westfjords에서 숙소를 고르기란 쉬운 일이
아니었다. 많은 여행자가 찾는 지역이 아니기 때문이다. 심지어 겨울철
엔 아예 운영을 안 하는 숙소나 식당도 많다. 약 37만 아이슬란드 인구
의 2%만이 사는 지역, 웨스트피요르드의 절경을 보고 싶다면 여름에
방문해야 한다.

아이슬란드에 10번 넘게 다녀와서 시민권까지 따신 베가본드 대장님
(우리는 그를 대장님이라 부른다)이 아이슬란드 첫 여행부터 이런 코스
를 택한 사람은 처음이라고 하셨는데, 별거 아닌 이런 말에 괜히 어깨
가 으쓱해졌다.

사실, 길고도 특별한 아이슬란드 여행 코스를 짜기까지 대장님의 도
움이 컸다. 「남다른 아이슬란드 여행」이라는 네이버 카페를 운영하며,

아이슬란드 깊숙한 곳까지 여행하기를 소망하는 분들에게 도움을 주고
계신다. 이 숙소를 선택한 계기도 바로 대장님의 의견 덕분이었다. 무슨
숙소길래, 이렇게 사설이 길까.

아이슬란드에는 여름철에만 볼 수 있는 귀여운 동물이 있는데, 그 이
름은 바로 퍼핀. 아이슬란드에도 유명한 퍼핀 서식지가 몇 개 있는데,
그중 하나가 바로 라트라비야르그Latrabjarg다. 유럽 땅의 끝이라고도 불
리는 이 지역의 절벽 가까운 숙소를 구하려니 여간 어려운 일이 아니었
다. 지도상으로는 얼마 떨어진 것 같지 않아도 실제로는 멀었고, 후기는

나쁘지 않은 듯해도 실제로는 문제가 있기도 했다. 물론, 괜찮은 호텔은 매우 비쌌고 동시에 재빨리 매진되었다. 어차피 옵션이 별로 없어서 고민거리가 없는 와중에도 고민거리였다.

이때 만난 '해누빅 코티지'는 구글 평점 2.7을 자랑하는 악명 높은 숙소였다. 아무리 평점에 좌우되지 않는다지만, 3점 이하의 점수는 신경 쓰일 수밖에. 한 번 더 대장님에게 조언을 구했더니, 무조건 믿고 가보라고 하신다. 그래, 믿고 가보자.

후기와 달리 숙소로 가는 길은 수월했다. 가는 길 내내 창밖의 풍경에, 그러니까 보라색 여름 꽃밭과 털 뭉치 양 떼와 하얀 구름에 정신을 못 차렸을 뿐. 멀리 빛나는 바다와 바다에서 불어오는 바람과 바람에서 나는 내음은 여행이었다. 여행 중이라는 사실을 이보다 더 온몸으로 느낄 수 있을까.

역시 일어나지 않은 일을 걱정할 필요는 전혀 없었다. 드넓은 들판의 끝은 절벽이었고, 그 절벽 아래에는 짙푸른 바다가 철썩이고 있었으며, 하얀 북극 제비갈매기들은 깍깍거리며 영역표시를 하고 있었는데, 그 아래 띄엄띄엄 박힌 작은 오두막집 중 하나가 오늘의 집이었다. 포악하다는 숙소 주인은 그저 무뚝뚝할 뿐이었고, 침대 커버 비용을 추가로 내야 하는 부분은 미리 공지했으니 문제 될 게 없었다. 주특기를 발휘하여 먼저 인사를 건넸다. 이들도 역시나 불만 가득한 후기를 남기고 말겠지, 같은 마음을 갖지 않기를 바라는 마음이었다.

2인용 오두막집은 예약이 완료된 바람에, 더 넓은 크기의 집으로 예약할 수밖에 없었는데, 더 넓어서였을까, 우리는 더없이 만족했다. 물론, 보통 여행지에서 겪는 숙소에 비해 불편하다는 건 감안해야 한다. 샤워시설이나 화장실이 조금 더 불편하고, 조금 더 추울 수 있고, 침대도 불편하지만, 그런 걸 감안하고 선택한 시골 여행지가 아니던가! 로맨틱 코미디 영화의 주인공이 될지 말지는 내가 결정할 일이었다. 창밖으로 보이는 바람결과 노을 지는 하늘에 어떻게 행복하지 않을 수 있을까!

침대 커버 비용을 조금 더 낸다고 해서, 숙소 주인이 먼저 웃어주지 않았다고 해서, 단 한 개의 별점만 준다는 건 안타까운 일이라고 생각했다. 다섯 개의 별점을 주고 후기를 남겼다. 아무것도 없는 곳에서, 여행자들을 맞이하는 것밖에는 특별한 일이 없을 것 같은 먼 곳에서, 각박한 여행자가 되지 말기로 해요. 우리 이렇게 아름다운 곳에서 하룻밤을 보낼 수 있는 특권을 가졌잖아요.

나만 알고 싶은 곳,
잉골프쇼프디

아이슬란드 40일 여행 통틀어 가장 좋았던 곳이라 말할 수 있을 정도로 나만 알고 싶은 곳을 이 책에서 처음으로 공개한다. 두근두근.

나는 세상에서 가장 아름다운 무언가를 말하지 못하는 사람이다. 내가 가장 좋아하는 음식, 내가 가장 좋아하는 노래가 무엇이냐는 질문에 한참 답을 하지 못하고는 생각에 잠긴다. 여행지를 두고도 여긴 이대로 좋고, 저긴 저대로 좋고, 음악을 듣다가도 이럴 땐 이런 노래, 그럴 땐 그런 노래가 좋은 사람이라 콕 집어서 하나를 말하는 게 그렇게 어렵다. 그냥 하는 말일 텐데도 그렇다. 그걸 질문한 사람이 뾰족한 정답을 원하는 건 아닐 텐데도 그렇다. 그런 내가 아이슬란드에서 정말 좋았던 경험을 딱 하나만 말해보라고 한다면, 잠시 고민하다 이곳이라고 말할 테다.

출발

검은 모래 해변을 벌써 몇 군데나 다녀왔지만, 시쳇말로 클래스가 다르다. 희미한 검은색 한 줄, 지평선이 보이지 않을 정도로 끝없이 펼쳐진 검은 모래는 마치 바다 위 사막 같다. 얕게 찰박거리며 걸을 수 있을 정도로 물이 얕게 서려 있는데, 이내 마른 모래바람이 불어오기도 한다. 개조된 트럭 뒤 칸에 옹기종기 서서 출발을 기다렸다.

아이슬란드의 우유니

제이는 아이슬란드 관광청에서 이곳, 잉골프쇼프디Ingólfshöfði를 발견했는데, 베가본드 대장님의 '남다른 아이슬란드 여행' 카페에도 소개되어 있었다. 반가운 마음에 글을 읽었는데, 대장님은 이곳을 '아이슬란드의 우유니'라고 불렀다. 하얀색 바닥에 비친 반영 대신, 검은색 바닥 위에 비친 반영을 만날 수 있다. 비가 적당히 내린 후에야 가능한 일이라서 며칠 내내 맑았던 그 시기에 우리는 우유니를 경험하지는 못했다. (혹시 아이슬란드에서 비슷한 분위기를 찾는다면, '베스트라혼Vestrahorn'도 찾아보자)

투어를 시작하며 목적지로 가는 방법은 놀랍게도 그저 끝없이 펼쳐진 검은 땅을 가로질러 가는 것이었다. 트럭 화물칸에 서 있는 우리들의 시야에는 멀리 보이는 바다와 산과 검은 모래뿐이었다. 감탄으로 휩싸인 흥분은 쉽게 사그라지지 않았지만, 검은 우유니를 가로지르는 중에는 조심도 해야 했다. 생각보다 많은 모래가 불어닥쳤다. 밝은색 방수 재킷을 입은 제이의 옷소매가 벌써 검은 모래로 뒤덮인 것 같았다. 카메라를 가져간다면 기본 방진 기능이 있다고 하더라도 추가 조치가 필요할 것이다.

듄Dune

검은 모래 언덕이 동네 뒷산만큼 높은 곳에서 트럭은 멈췄다. 검은 모래 언덕을 넘는 동안 발이 푹푹 빠졌다. 뒤를 돌아보니 길게 발자국이 남았지만, 금세 사라졌다. 바람이 훑고 지나간 자리였다. 언덕 반대편에 또 다른 풍경이 펼쳐졌다. 마치 사막 속에 숨겨진 파라다이스 같달까. 푸

릇푸릇한 풀이 솟아오른 언덕길을 더 올라갔다. 시선이 닿는 끝에 가파
른 절벽이 있었고, 까마득한 아래에는 파도가 철썩이며 절벽을 더 가파
르게 깎아내리고 있었다. 파도의 끝에는 또 다른 검은 모래 해변이 끝없
이 펼쳐져 있었다. 눈에 닿는 장면마다 끝없는 이야기였다.

퍼핀 Puffin

퍼핀은 펭귄을 닮았지만, 주홍빛 부리가 매력적인 조류이다. 북대서양과 북극해 근처 아이슬란드, 노르웨이, 페로 제도 및 미국과 캐나다 일부 지역에서 볼 수 있다. 아장아장 걷기도 하지만, 작은 물고기를 휙 낚아채고 빠르게 하늘을 날기도 한다.

아이슬란드에서 여름에만 볼 수 있는 퍼핀은 작고 소중하고 귀엽고 귀하다. 그런 퍼핀이 눈앞에 또 끝없이 펼쳐져 있다. 방방 뛰며 소리를 지르고 싶지만, 쉿. 동물 앞에서는 시끄러운 소리를 내면 안 된다. 벼랑 끝 퍼핀을 자세히 보고 싶다면 쪼그리고 앉아서 기어가듯 다가서야 한다. 아예 엎드려서 엉금엉금 기어가기도 좋겠다. 매서운 바람 때문에 절벽 아래로 떨어지는 사고를 막기 위해서다. 바다에서 작은 물고기를 낚아 챈 뒤 솟아오르거나, 서핑하듯 세찬 바람을 타는 퍼핀을 보다가 괜히 행복해졌다. 아름다운 자연에서 자유롭게 살고 있는 퍼핀 떼를 가만히 바라보는 것만으로도 행복해졌다. 이곳은 퍼핀 파라다이스다!

양과 염소와 도둑갈매기

이 외딴섬에서 총총총 걸어가는 양과 염소를 마주치고, 그들의 뒷모습을 바라보며 못내 아쉬워하는 감정은 오랜만이었다. 마치 어린아이가 된 것처럼, 그림책 속에 빠진 주인공이 된 기분을 느꼈다. 다른 새의 먹이를 훔쳐 먹는다는 큰도둑갈매기^{그레이트스큐어Great skua}는 바다의 해적이라는 별명을 가지고 있다. 갈색 털을 입은 채, 큰 덩치를 숨기듯 가만히 앉아 있는 자태는 듬직해서 이름과 달리 신뢰가 느껴질 정도였다. 우리를 이끄는 가이드는 사람들이 어느 한 풍경에 빠져 멈춰있을 때마다 기다렸다. 주변은 온통 초록색과 하늘색이었다.

저 멀리 바다는 반짝이고 있었고, 쉬이 쉬이익 부는 바람 소리와 동물들의 울음소리만 들릴 뿐이었다.

잉골프쇼프디 퍼핀 투어 Ingólfshöfði Puffin Tour

잉골프쇼프디는 오직 투어로만 접근이 가능하다. 투어는 5월~8월 사이 한시적으로 운영하는데, 이는 바다에서 주로 서식하는 퍼핀이 여름에만 육지에 둥지를 틀고 번식기를 지내기 때문이다. 이 시기에 아이슬란드로 떠날 마음을 먹었다면, 굴포스를 포기하는 한이 있더라도 잉골프쇼프디로 입장하자.

어린 시절 행복했던 기억을
딘얀디에서

누군가가 어린 시절 행복했던 기억을 떠올려보면 딱 하나의 이미지가 머릿속에 그려진다고 했다. 한 손에는 좋아했던 인형을 쥐고, 한 손으로는 엄마 손을 잡고 달려가던 길. 엄마가 하늘로 띄워주던 일. 붕 떠올라 숨이 넘어갈 정도로 웃던 모습이 행복한 어린 시절 아름다운 단편이라고 말했다.

나는 어떨까 하고 떠올려봤다. 단번에 딱 한 장면을 떠올리기란 쉽지 않았다. 그러다가 문득 생각이 났다. 엄마는 아스테이지 어항을 만들기 위해 벽돌을 하나하나 둥글게 쌓아 올렸다. 하얀색 조약돌을 깔고, 물을 붓고, 빨간색 금붕어를 풀어주었다. 나는 그런 엄마 옆에서 물고기와 엄마의 손을 번갈아 바라보았다. 팔목 정도까지 오는 얕은 물 속은 투명했다. 잊을만하면 한 번씩 엄마는 깨끗한 물로 어항을 갈아주었다. 친구들이 놀러 오면 함께 둥그렇게 쪼그려 앉아 물고기를 바라보았다. 더 이상 친구들의 얼굴도, 이름도 생각이 나지 않지만, 아스테이지 어항이 놓여 있던 집 한켠의 작은 공간에서 보냈던 시간은 행복했던 것 같다. 하찮고, 무용하지만 잊을 수 없는 기억. 그런 기억이 계속 살아가는 힘이 되어주는 것 같다…고 생각하는 날이었다.

약간 흐렸고, 비가 부슬부슬 내리기 시작했고, '아이슬란드에서 이 정도 비쯤이야 아무것도 아니지' 했지만 아쉬운 마음은 감추기 어려웠다. 여행자들이 쉽게 발걸음하지 못하는 딘얀디 폭포에 도착했는데 하늘은 회색이었고, 그에 비친 폭포마저 회색빛이 감돌았기 때문에. 초록빛 잔디나 햇살에 반사되어 반짝거리는 폭포가 아니라 그저 그런 폭포인 것만 같아서. 아이슬란드에 와서 폭포를 너무 많이 봤나? 하고 시무룩해졌다. 아름답기로 손꼽히는 명소 중 하나인데, 날씨가 이렇게 영향을 미치는구나. 폭포 가까이 가려면 오르막길을 올라야 했다. 땅속에 반쯤 묻혀있는 통나무가 계단의 역할을 하는 구간이 일부 있었지만, 그 외에는 꽤 커다란 돌멩이가 굴러다니는 흙길이었다. 자칫 잘못하면 미끄러지기 십상이었다. 그럭저럭 오르기는 쉬운 길이라도, 내려올 땐 두 배로 가파르게 느껴지는 경험을 한 번쯤 해보았을 것이다. 성큼성큼 올라가는 나와 달리, 반대편에서 내려오는 사람들은 살금살금 한 발 한 발 내디디며 걸었다.

살금살금 걷는 사람들 사이로 갑자기 파란 눈을 한 소년이 재빠르게 지나갔다. 등산화가 필수인 여행지 아이슬란드에서 소년은 가벼운 러닝화를 신고 있었다. 주머니에 손을 넣고, 이어폰을 귀에 꽂고, 눈은 저먼 곳을 향하고 있었다. 소년의 뒤를 이어 다시 살금살금 걸어 내려오는 사람들을 보았다. 한 노부부는 서로의 앞뒤를 챙겨주며 걸었다. 다음 발 내디딜 곳을 미리 한 번 보고 나서야 발을 옮겼다. '우리는 서로 조심하라고 말하며 걸었다.' 이 문장은 장석주, 박연준 시인이 함께 쓴 책의 제목이다. 책을 떠올리지 않았는데 문장이 저절로 따라왔다. 우리는, 나는, 이제 조심하라는 말을 듣고, 조심하라는 말을 자주 하는 사람들이 되어서일까.

　어린 시절을 떠올리는 일이 점점 어려워질 거라 생각했다. 대신 이런 생각, 이를테면 주머니에 손을 넣은 채 러닝화를 신고 가파른 흙길을 뛰어가는 소년을 보며 나의 그런 때를 떠올리는 일. 그러니까, 반바지에 컨버스를 신고 가볍게 산을 오르내리던 나의 사진을 보며 그땐 그랬네, 하는 생각. 쪼그리고 앉아 빨간 금붕어를 바라보던 기억 위에 켜켜이 쌓인 새로운 기억들을 품고, 나는 조심하며 걸을 것이다. 딘얀디 폭포는 기억의 층을 이루고 있는 것만 같았다. 일곱 개의 층을 거쳐 빙하수가 쏟아져 내려오고 있었다. 훗날 나는 폭포수에 온몸이 흠뻑 젖도록 가까이 다가섰던 용기를 떠올릴 것이다. 그 용기의 기억은 또 다른 행복한 순간이 되어주겠지.

한적한 작은 어촌마을 듀파빅에서

집에 혼자 있는데 문득 혼잣말을 할 때가 있다. 나의 일이 좋은 점 중에 하나는 집에서 보내는 시간이 많다는 사실인데, 그렇다고 집에서 아무것도 하지 않고, 가만히 있는다고 하면 너무나 서운하다. 아침에 일어나서 따뜻한 물에 인스턴트커피 가루가 슬며시 녹아내리는 걸 바라보는 것부터 작업의 시작이니까. 책상에 앉아서 다이어리를 꺼내고, 할 일을 정리하고, 우선순위를 정한다. 우선순위를 정한다고 해서 꼭 그 순서대로 일을 하는 건 아니지만, 그럼에도 '이것만은 정말 먼저 해야 해!' 하는 일을 먼저 하려면 꼭 필요한 과정이다. 다시 책상에서 일어나 세수를 하고, 거울을 보고, 냉장고를 열었다가 닫았다가, 칼로리 밸런스를 하나 꺼내 툭툭 잘라먹으며 생각한다. 아니, 혼잣말을 하는 것이다. 살이 조금 쪘나? 아, 모르겠다. 이따가 운동 가야지. 역시 칼로리 밸런스는 맛있어. 점심에 쌀빵에 땅콩잼을 발라 먹을까? 내뱉고는 깜짝 놀라는 시기는 한참 전에 지났다. '어머, 나 혼잣말을 했어!' 같은 놀라움은 이제 의연함으로, 자연스러운 나만의 오전 의식으로 받아들이게 된 것이다.

혼잣말을 한다고 해서 꽤나 심심한 건 아니다. 쓰고, 기록하며 이야기를 만들어가는 사람들에게 심심하다는 개념은 존재하지 않는다. 친구를 만나거나, 산책을 하거나, 책을 읽거나, 하다못해 침대에 누워 책을

읽는 시간조차 작업이라는 시간으로 이해받을 수 있기 때문에. 당장 눈에 보이는 결과물이 없는 것 같아도 소위, 자면서 돈을 버는 세계를 구축하는 중이다. 얼마나 더 부지런히 생산해 내냐에 따라 그 세계를 넓혀나갈 수 있는데, 갑자기 아이러니하다는 생각이 든다. 자면서 돈이 들어오게 하기 위해, 눈을 뜨고 있을 때는 부지런히 일을 하는 것이다. 절대 심심하면 안 된다는 프레임을 씌우고, 영화를 보거나 드라마를 볼 때에도 무언가를, 이를테면, 어떤 영감을! 얻으려고, '신경을 쓰고' 있다!

  아름다운 어촌마을을 여행 중이던 돈 많은 노신사가 어부와 나누었다는 대화를 떠올렸다.

> "하루에 몇 시간만 더 일하면 큰 배를 살 테고, 큰 배를 사서 판매량을 늘리면 좋을 텐데, 왜 딱 그만큼만 일하시나요?"
> "지금처럼 일하면 충분합니다. 낮에 일하고, 저녁에 가족들과 저녁 식사를 하거든요."
> "아니, 열심히 일하면, 더 큰 배를 사고, 더 좋은 집을 살 수 있는데, 왜 조금만 일하죠?"
> "그렇게 많이 일하고, 돈을 많이 벌어서 뭐 하죠?"
> "한적한 시골 마을에서 집 짓고, 평화롭게 노후를 보내야죠."
> "… 저는 이미 그렇게 살고 있는걸요."

어느 한적한 시골 어촌마을에서 아침에 눈을 떴다. 개울물이 졸졸 흘러내려 바다와 만나는 소리가 났다. 창문을 열면 파리가 들어와 손으로 휘휘 내저어 쫓아낼 도리밖에 없었지만, 그럼에도 창문을 열었다. 바람에 펄럭이는 하얀 빨랫감이 빨간색 오두막집에 대조되어 더 하얗게 보인다, 고 생각했다. 발걸음을 옮길 때마다 삐걱거리는 소리가 났다. 세수를 하고, 옷을 갈아입고, 산과 바다와 새를 보고, 삐걱거리는 소리를 내며 조식을 먹으러 가서 커피를 마셨다. 세 가지 종류의 버터를 잔뜩 바른 빵을 먹으며 창밖을 바라보았다. 졸졸졸 개울물이 바다로 흘러내려 가고 있었다. 그뿐이었다. 내뱉을만한 혼잣말은 "좋다!" 그뿐이었다. 심심한 건 아니었다. 영감이니, 미래니, 돈이니 하는 '신경을 쓰지 않음'에도 고도의 집중력이 필요했다.

크리스티앙 보뱅의 말이 떠올랐다. '문 열기, 편지 쓰기, 손 내밀기 같은 평범한 일을, 마치 세상의 운명과 별들의 행로가 좌우될 것처럼 정성껏 해야 한다'고. '세상의 운명과 별들의 행로가 좌우된다는 말은 진실'이라고.

아이슬란드의 어느 시골 마을에서 살아보는 것도 좋겠다고 생각했다. 눈이 많이 내리는 겨울엔 한 달쯤 고립되어도 괜찮겠다고. 울 스웨터를 입고, 세계 각지에서 오는 여행자를 맞는 일이 내게도 와준다면, 바로 여기 웨스트피요르드의 작은 어촌마을, 듀파빅일 거라고. 너무 나중의 일이 되지 않으면 좋겠다고.

화산폭발을 보러 가다가

생각이 너무 많은 나는 머릿속에서 생각이 도저히 멈추질 않는데, 이건 어쩔 수 없는 일이다. 앞으로 해야 할 일, 어제 내가 한 말, 그 사람의 행동, 그때 그 과거에 이랬었지, 왜 그랬을까, 그래도 그건 잘했어. 그나저나 언제 한 번… 하고, 끊임없이 이어지는 생각들은 비단 '나'만의 이야기가 아니다. 생각 과잉과 스트레스를 효과적으로 피할 수 있는 뾰족한 수는 없을 것이다. 결국은 내가 어떻게 관리하느냐, 하는 문제인데 이는 마치 '매일 운동을 함으로써 체력 관리를 하듯' 마음의 기술을 터득해야 하는 결론으로 치닫는다. 이럴 때 내가 찾는 건 책과 음악이다. 그리고 여행. 나에게 여행은 휴양지에서 누리는 휴식이나 맛있는 걸 먹으러 떠나는 탐방이 아니다. 생각 과잉을 잠시 멈추기 위해 새로운 세상에서 새로운 일상을 살아보는 것이다. 역사와 문화와 음식과 탐험은 덤일 뿐이다.

아이슬란드에서 지낸 일상은 더없이 빠르게 지났고, 덕분에 나는 '생각을 별로 안 할 수' 있었다. 지금 생각해봐도 내가 아이슬란드에서 무슨 생각을 했는지, 잘 생각이 나지 않는다. 심지어 많이 걷는 날에도 그랬다. 걷다 보면 생각이 많아지기 마련인데, 걷기와 목적지에만 집중했던 것 같다.

아이슬란드 여름 여행 중에 화산(리틀리-흐뤼투르 Litli-Hrutur, 2023)이 폭발했다는 소식을 들었다. (겨울 여행 시기에도 화산 순드흐누쿠르 Sundhnúkur, 2024이 폭발했다) 여행 시기와 화산이 폭발하는 시기가 맞아 떨어지기란 흔한 일이 아니다. "화산이 그래서 뭐 어쨌다고" 하는 사람도 있고, "화산이 터져서 위험한 건 아닌지" 걱정하는 사람도 있고, "화산이 터졌다니 꼭 두 눈으로 확인해 봐" 하며 두 눈을 반짝거리는 사람도 있다. 화산이 폭발한 지점이 사람 사는 마을과 그리 가깝지 않거나, 규모가 매우 크지 않다면 크게 위험하지는 않다. 여행자들은 "마침 이때다!" 하며 기회를 놓치지 않고 뜨겁게 타오르는 마그마를 향해 떠난다. 우리도 그 무리 중 하나였다.

화산이 폭발하면 아이슬란드 안전을 담당하는 'Safe Travel' 앱에서 주의할 점과 화산폭발 상황에 대해 주기적으로 알림을 보낸다. 여행 막바지를 향하던 우리는 하루 일정을 조정하여 화산이 폭발한 지역을 검색하고, 주차장을 찾고, 주의 사항을 숙지한 뒤에 산을 오르기 시작했다. 화산이 폭발한 지점은 새롭게 관광지로 자리 잡는다. 사람들이 군데군데 무리 지어 걷고 있었다. 하이킹 루트는 새로 만들어낸 길인 듯했다. 이런 일이 아이슬란드에서는 잦다. 얼마나 걸었을까. 쿵쿵. 방독면을 쓰고 걷는 사람들을 보며, '저렇게까지 해야 하나?'라고 생각했는데, 점점 많은 유독가스 냄새가 바람에 실려 왔다. 안 그래도 모래바람을 정통으로 맞으며 걷느라 손수건을 챙겨오길 잘했다며 입을 가린 채 걷는 중이었는데, 이젠 냄새까지 더해진 것이다. 위잉 위잉 소리를 내며 구급차와 경찰차가 지나갔다. 1시간 반 정도 걸었을까. 약 1/3 지점으로 기억하는데, 그때 우리 옆에 경찰차가 멈춰 섰다.

"유독가스 때문에 출입이 금지되었으니, 다시 내려가세요."

"네?"

새벽부터 일어나, 하루 일정을 포기하고 선택한 화산인데, 이렇게 허무하게 끝나버리다니. 무작정 가고 싶다고 갈 수 있는 상황이 아니었다. 바람의 방향과 유독가스량 등을 파악한 뒤, 오후 2시가 지나야 다시 상황을 발표한다고 했다. 앞에 있던 무리는 상황 발표가 있을 시간까지 그 자리에서 기다릴 모양이었다. 최소한 서너 시간을 아무것도 없는 땡볕 아래에서 기다릴 수는 없는 노릇이었다. 블루 라군 방문을 저녁 시간으로 미뤄둔 상태였다. 저녁 일정마저 포기하고 기다려봐야 할까, 하는 고민을 잠시 했지만 그만두었다. 오후가 된다고 한들 진입이 가능하다는 보장이 없었기 때문이다.

활화산은 일본이나 인도네시아, 하와이에서도 종종 볼 수 있지만 이렇게 갑작스럽게 터지는 아이슬란드 활화산과 거대한 마그마의 흐름은 쉽게 경험할 수 있는 일이 아니었다. 사진작가들은 드론 하나쯤은 마그마 속에서 녹아내리는 걸 감수하면서까지 그 광경을 담고 싶어 한다. 여태 경험한 것과 또 다른 자연의 신비를 경험할 터였다.

걸어 내려가는 길은 이상하게도 더 길게 느껴졌다. 목적지를 잃어서 그렇게 느껴지는 것 같다고, 제이가 말했다. 타박타박 걷는 동안 얼굴을 가린 손수건과 가방과 등산화에는 새하얗게 모래가 내려앉았다. 걸어 내려가는 동안 아쉬운 마음이 들었지만, 그뿐이었다. 스트레스나 생각 과잉이나 그로 인한 걱정이나 불안 대신, 이만큼이라도 걸었다는 안도감, 이렇게 도전했다는 기쁨, 다음 여정을 향한 설렘만이 느껴질 뿐이었다.

세상 유일무이
화산 속으로 탐험

아이슬란드 여행 중에 화산이 폭발했다는 뉴스가 나오면, 지인들로부터 연락이 온다.

"화산폭발 했다는데 괜찮아?"

"다른 지역을 여행하기 때문에 괜찮아요."

아이슬란드는 북미 지각판과 유라시아 지각판이 만나는 곳에 걸쳐있는 섬나라이다. 이 두 지각판이 서로를 밀어내는 과정에서 마그마가 상승하고 화산이 분출한다. 오랜 세월 화산폭발을 겪어온 아이슬란드는 이에 대한 대비책을 가지고 있다. 2010년 3월에 발생하여 6월에서야 멈춘 화산, 이야퍄들라요쿨Eyjafjallajökull(발음하기 어렵기로도 유명하다) 폭발 때도 인명피해는 전혀 없었다. 다만 화산재가 온 하늘과 북유럽 지역을 뒤덮어, 항공대란이 일어났을 뿐이다. 그럼에도 자연이 주는 위험은 늘 감지하고 있어야겠지만 말이다.

화산이 폭발했다고 해도 바람을 타고 오는 공기의 질이 나빠 곧바로 흘러내리는 마그마를 보러 가는 건 불가능했다. 실제로 화산 가까이 다가갔다고 해도, 그 거리가 생각보다 가깝지 않은 거리라는 걸 감안해야 한다. 이미 직접 목격을 위한 시도를 했으나 실패했기에, 세상에서 유일무이한 화산 내부 탐험으로 마음을 달래기로 했다.

트리흐누카기구르^{Thrihnukagigur}

아이슬란드에는 휴화산과 활화산이 곳곳에 많은데, 오늘 탐험할 화산은 약 4,000년 전에 폭발한 뒤, 휴화산으로 남아 있는 상태다. 그런데 어떻게 화산 내부를 탐험할 수 있을까?

보통 마그마가 폭발하다가 멈추면 그대로 굳으며 화산분출 입구와 마그마 통로를 다 막아버린다. 트리흐누카기구르 화산은 어쩐 일인지 마그마가 다시 내부로 흘러내려 가며 통로를 만들었고, 통로 벽에 눌러붙은 마그마는 특이한 지질 현상을 남겼다.

특수 제작한 엘리베이터를 타고, 무려 200m 이상 아래로 내려갔다. 엘리베이터 모서리마다 고무바퀴 같은 게 달려있어서 마그마 벽에 부덮힐 때마다 온몸이 흔들렸다. 보이지 않는 어둠 속으로 떨어지진 않을까 하는 걱정보다도 점점 축축해져 오는 공기를 느끼며 설렘이 폭발했다.

화산 내부는 마치 커다란 동굴 같다는 느낌이 드는데, 바닥 면적이 농구장 3개 정도를 합친 크기로 규모가 크다. 철과 구리와 유황 등으로 인해 신비로운 빛을 발하는 천장과 벽면의 특이한 지질 현상을 자세히 본다고 해서 내가 특별히 알 수 있는 사실은 없었지만, 지구 내부로 조금 더 가까이 가본 듯한 기분. 지구상 존재하는 놀랍고도 무서운 자연의 신비를 조금 더 체감했다는 자체로 아득한 울림이 있었다.

여름에 만난 북극여우

화산투어를 마치면, 따뜻한 수프를 준비해 준다. 아이슬란드식 전통 수프를 먹으며 감동을 곱씹고 있는데 사람들이 웅성거리며 밖으로 나갔다. 북극여우가 나타났다고 한다. 앗, 북극여우가? 산 중턱에 엎드려서 앞발을 비비는 북극여우는 사람들 무리를 빤히 쳐다보고 있었다. 우리가 생각하는 북극여우는 새하얀 색이지만, 여름철에는 갈색이나 회색으로 탈바꿈한다. 바이킹이 아이슬란드에 정착하기 전부터 아이슬란드에 이미 살고 있던 상징적인 동물, 북극여우를 만났다는 자체로 흥분하여 두 번째 설렘이 폭발했다. (겨울에 만난 북극여우 이야기도 기대하시라)

여행 중에 북극여우를 마주친다는 건 굉장한 행운이라고 한다. 환경에 따라 털 색깔을 바꾸는 위장술에 능하기도 하고, 사람의 발길이 잘 닿지 않는 곳을 일부러 찾아가지 않으면 마주치기 어렵기 때문이다. 그런 행운의 표식인 북극여우를 오랫동안 바라볼 수 있어 잠시 행복했다.
여행 중에 마주하는 낯선 풍경이 주는 위로와 기쁨은 이런 것이겠다.

월터의 상상은 현실이 된다

당신은 몽상가인가?

생각이 많기로 둘째가라면 서러울 나인데, 대부분은 가정에 그치는 것 같다. 상상의 날개를 펼친다 한들, 현실 가능한 경계 안에서만 파드득거리다 마는 것이다. 창의성이 부족하기 때문일 거고, 그렇게 따지면 몽상도 '능력'이 아닌가 한다. 어렸을 때 미술시간에 그림을 그리던 내 모습을 어렴풋이 기억한다. 미래 우주의 모습과 바닷속 탐험을 그리는 상상화는 왜 그토록 발전이 없었나. 아마 지금이라도 그런 주제의 그림을 그리라고 한다면 비슷한 결과물이 나올 것이다. 내게 몽상은 마치 사치 같아서, 몽상 대신 그저 떠나는 일을 택하는지도 모르겠다.

영화 「월터의 상상은 현실이 된다」에서 월터는 뛰어난 몽상가이다. 현실에서는 변변찮은 프로필 한 페이지 채우기 어려울 정도로 무색무취의 삶을 살고 있지만, 상상 속에서는 영화 속 주인공이 된다. 그런 그가 떠난다. 사진 한 장을 찾기 위해. 몽상에서나 펼쳐지던 장면이 실제로 펼쳐지며 그는 진짜 모험을 시작하는 것이다.

영화 속 장면들은 대부분 아이슬란드에서 촬영되었다. 다른 나라로 언급된 곳도 거의 아이슬란드이다. 이 영화는 특히 많은 사람에게 사랑을 받았는데, 월터에 자신을 투영했기 때문이 아닐까. 영화가 끝난 뒤에 한

번쯤은 이런 생각을 했을지 모른다.

"다음은 내 차례야."

제이도 그중 한 명이었다. 아이슬란드가 버킷리스트인 이유도 월터 때문일지 모른다. 스티키스홀무르Stykkishólmur에 도착했을 때, 날이 흐렸다. 영화 속 장면을 연출하고 싶었던 제이는 조금 시무룩해진 것 같다. 내가 조금 시큰둥했던 것도 사실이다. 가끔 나는 낭만을 잃어버린 이성주의자가 되곤 한다.

다음날 우린 작은 마을을 다시 찾았다. 드디어 파란 하늘에 하얀 구름이 송송 박혀 빨간색, 노란색 건물과 조화를 이루는 장면을 마주했다. 여긴 영화 속 장소가 아니라 영화 촬영지일 뿐이었지만, 그 순간만큼 제이는 월터가 된 것 같았다. 월터처럼 느끼고 걸었다. 비록 스케이트보드를 타고 뻥 뚫린 길을 달려보지는 못했어도, 마치 가슴이 뻥 뚫린 기분이었다. 하늘이 파란색일 때 유독 행복해하는 제이에게, 그 모습을 바라보는 나에게, 이 글을 읽는 당신에게도, 영화 같은 날들이 펼쳐질 거라고 나지막이 말해본다. 고난과 모험이 닥쳐오겠지만, 그 끝에서 우리는 결국 '인생(LIFE)'이라는 책 표지를 장식하고야 말 거라고.

아큐레이리
하트 신호등의 의미

아이슬란드 북부에 위치한 아큐레이리는 '두 번째 수도'라는 별명을 가지고 있다. 여기서 반전은 인구수가 2만 명도 안 된다는 사실인데, 그렇다면 다른 도시의 규모는 얼마나 작을지 상상이 갈 것이다. 겨울이면 극야로 인해 해가 떠 있는 시간이 적고, 날씨도 매섭게 돌변하기 때문에 북부까지 여행하기가 쉽지 않다. 그렇다면 그곳에 산다는 건 어떨까. 20세기가 지나고 나서야 발전이 시작되었고, 그 이전까지는 혹독한 추위와 기나긴 밤으로 인해 유난히 힘든 시기를 보냈다는 기록이 있다.

아이슬란드 여행을 시작하며 소셜미디어에 사진과 영상을 업로드하곤 했는데, 아큐레이리에 진입하자마자 누군가 이런 댓글을 달았다.

'이제야 도시다운 곳에 들어가시는군요.'

다른 도시들이 작고 아담한 마을 느낌이었다는 게 드러났나보다, 하고 생각했다. 어업 및 산업에서 큰 역할을 하는 도시라서 잠깐 부산이 떠오르기도 했지만, 3백만 넘는 인구의 부산이 들으면 서운할 말일지도 모르겠다. 아이슬란드 전체 인구가 부산광역시와 비슷할 정도이니 말이다.

아큐레이리의 특징 중 하나는 빨간색 신호등이 하트모양을 하고 있다는 건데, 왜일까. 왜 아큐레이리의 신호등은 하트 모양일까, 하는 궁금

증은 뒤늦게 풀었고, 당시에는 작고 귀여운 빨간색 하트 모양에 푹 빠져 일부러 신호등 앞에 오래 서 있곤 했다.

미국 리먼 브라더스 사태로 인해 글로벌 금융위기가 시작된 2008년, 아이슬란드는 금융위기 직격탄을 제대로 맞았다. 잠깐 살펴보자면 이렇다. 1991년에 아이슬란드 3대 은행은 민영화를 시작했다. 그때부터 는 외환통제를 풀고, 금리를 올려 유럽의 많은 자금을 끌어들였는데, 심지어 정부의 고의가 담긴 도움까지 있었다. 그렇게 끌어들인 자금으로 미국의 고금리 고위험 상품에 투자했을 뿐 아니라, 외국의 기업을 마구 잡이로 인수하는 등 막대한 부를 축적하기 시작했다. 당시 아이슬란드 사람들은 대부분 부자였고, 동시에 빚도 많았다고 한다. 미국에서 일어난 사태로 인해 아이슬란드 경제는 순식간에 무너졌다. 갑작스럽게 줄어든 실질소득으로 인해 범죄가 발생하기까지 했다. 세계에서 빅맥이 가장 비싼 나라라는 별명을 얻었고, 결국 맥도널드는 아이슬란드에서 철수했다. 당시 아이슬란드 총리는 직무 유기로 유죄판결을 받았으며, 후에 경제를 살리는 일환으로 관광업이 발달하기 시작한 것이다.

아니, 그런데 하트 신호등과 이 경제 이야기가 무슨 상관이 있다고 사설을 늘어놓았을까? 침체한 경제와 비관적인 미래, 축 늘어진 어깨를 가진 사람들에게 힘을 주고자 시작한 노력의 일환이었다. 믿거나 말거나, 실제로 사람들에게 긍정적인 생각을 심어주기 위해 시작한 일이라고 한다. 아큐레이리 시장은 시민들을 웃게 만들고 싶었고, 건널목을 걸을 때마다 빨간색 하트 모양을 보며 잠시나마 행복한 미소를 짓게 하고 싶었다고 하니…. 아, 이것만으로도 아큐레이리에 방문할 이유가 충분하지 않을까?

여름에만 문을 여는 비밀 식당

아이슬란드 어느 작은 마을의 작은 식당에서는 비밀스러운 축제가 열린다. 빨간 페인트가 칠해진 외벽, 작은 창문, 틈 사이로 쏟아져 들어가는 빛을 따라 문을 열고 들어갔다. 식사를 기다리던 사람들의 반짝이는 눈이 잠시 문으로 향했다가 이내 대화의 무리로 섞였다. 도착한 순서에 따라 자리를 배정해 주는 듯했다. 길게 이어진 테이블을 낯선 사람들끼리 공유하는 방식이었다. 촘촘히 앉은 사람들 틈에 끼어 앉으려면 다리를 들어 올린 후에 긴 벤치 의자 사이로 다시 욱여넣어야 했다.

테이블 위에 올려진 촛불이 사람들의 말소리에 이리저리 흔들리고 있었고, 드문드문 놓인 촛불만이 공간을 밝히고 있다는 사실을 깨달았을 때 댕댕댕 종이 울렸다.

"환영합니다! 미리 준비된 빵과 수프를 먼저 드세요. 곧이어 식사가 시작됩니다."

사람들은 얕게 환호했다. 막내가 형 주위를 맴돌며 장난을 쳤다. 엄마와 아빠는 주방에서 요리하고 있었고, 10가지가 넘는 생선 뷔페로 곧 선보일 참이었다. 그렇다, 여긴 4월부터 10월까지 운영하는 가족식당인데, 많은 사람이 방문하는 지역이 아님에도 불구하고 예약이 꼭 필요한 인기 명소다.

　우리는 달뜬 얼굴을 한 채로 에피타이저를 먹기 시작했다. 아이슬란드식 따스한 수프가 배를 채우니, 빵빵하게 행복해졌다. 뷔페 음식이 준비되자, 사람들은 설레는 표정으로 접시를 끌어안고 줄을 섰다. 누가 먼저줄을 서나 눈치 게임에서 성공하기란 쉽지 않다. 다양한 생선요리가 있

으니 무얼 먹을까 고민이 된다면 하나씩 다 가져와도 좋겠다. 물론, 내
가 잘 먹는 사람이라면 말이다! 한두 접시만 먹어도 배가 차오르기 시작
하니 나처럼 위가 작은 사람은 안타까움이 극에 달한다.

 북유럽에서 이렇게 어깨가 닿을 정도로 가까운 거리에서 낯선 사람과
식사를 하며 – 심지어 서로의 접시와 얼굴 표정이 다 보일 정도로 – 대
화를 나누는 게 보기 쉬운 광경은 아니다. 어쩌면 여행자들이 모인 곳
이라 가능한 일인지도 모르겠다. 세상에서 가장 맛있는 식사를 한다는
행복감으로 하나가 된 사람들. 와인잔 부딪히는 소리와 웃음소리가 가
득한 공간. 각기 다른 언어의 대화가 겹치고 겹쳐 잔잔한 물결을 이루
고 있었다.

Tjöruhúsið

Neðstakaupstað, 400 Ísafjörður, Iceland

고요하고 아름다운
비구르섬과 플래티섬

아이슬란드는 커다란 섬나라인데, 주변으로도 약 30개의 작은 섬들이 있다. 안 그래도 인구가 작은 나라의 섬마을이라고 하면 얼마나 작고 귀여운 마을일까. 그중 일부는 개인소유로 마치 별장처럼 섬을 왔다 갔다 하며 여행자의 방문을 환영하기도 한다. 아이슬란드에서 가장 사랑했던 장소로 소개했던 잉골프쇼프디 역시 개인소유의 섬으로, 오직 투어로만 왔다 갔다 하는 곳인 것처럼 말이다.

잉골프쇼프디 외에도 두 개의 섬을 더 방문했다. 아이슬란드 본섬과 하일랜드만으로도 볼거리는 넘쳐나지만, 외딴섬의 매력은 또 다른 느낌을 자아낸다. 여행하다 보면 낯선 곳에서 더 낯선 곳을 찾아가는 기분이 꽤 벅차다. 미지의 세상을 찾아 떠난다는 생각에 제법 모험가 같다는 착각을 해보기도 한다.

비구르섬 Vigur Island

비구르섬은 웨스트피요르드의 이사피요르드 Ísafjörður에서 배를 타고 들어간다. 섬에 도착하니 수많은 북극 조류가 낮고 높게 날아다니고, 걸어 다니고, 뛰어다니고 있었다. 그중 흔하다는 북극제비갈매기 Arctic Tern 는 여름철이 번식기라 예민하게 깍깍거렸다. 투어를 안내하는 이가 우리들 손에 기다란 나무 막대기 하나씩 쥐여주었는데, 이는 북극제비갈매기가 우리의 머리를 공격하는 걸 대비하기 위한 것이라고 했다. 그러니까 기다란 나무 막대기의 끝이 사람의 머리라고 착각하게 만든다는 것. 웨스트피요르드 해누빅 숙소에 갔을 때 북극제비갈매기의 공격을 받아 얼굴에 새똥을 맞은 적이 있다. 머리 위에서 새가 깍깍거리며 선회하는 모습을 보면 진짜 무섭다. 무섭다고 도망 다니면 새들이 그걸 알고 더 몰려드는 것만 같았다.

함께 배를 탔던 사람들 여럿이서 막대기를 들고 섬 이쪽에서 저쪽으로 걸어가는 모습은 꽤 장관이다. 서로를 바라보며 웃다가도 막대기를 조금이라도 더 높게 들어야겠다고 정신을 바짝 차렸다.

비구르섬 투어를 선택한 이유 중 하나는 퍼핀이었다. 잉골프쇼프디에서 이미 퍼핀을 마음껏 관찰했지만, 운 좋게도 비구르섬에서는 물고기를 입에 문 퍼핀을 발견했다. 사진작가들이 오래 기다렸다가 운이 좋아야 마주하는 장면이라고 들었기에 흥분을 감추기 어려웠다. 퍼핀이 금세 날아가 버릴까 봐 조마조마했는데, 여긴 그들의 서식지여서 그런지 편안해 보였고, 사람들의 방문에도 아랑곳하지 않는 듯했다.

크고 작은 퍼핀 떼와 이름 모를 새, 꽃, 풀들 사이를 산책하다가 여행자들을 위한 카페에 들어갔다. 아이슬란드식 케이크 조각과 커피를 마시며 창문으로 보이는 파란 하늘을 바라보았다.

플래티섬Flatey Island

플래티섬은 웨스트피요르드의 브레이다피요르드Breiðafjörður에 위치한 섬으로 역시 여름에는 퍼핀이 둥지를 트는 곳이다. 여행자들도 자동차를 가지고 들어올 수는 없지만, 숙박시설이 하나 있는데, 당연하게도 여름철에만 예약이 가능하다. 하루쯤은 플래티섬에서 숙박을 해보고 싶었지만, 자동차를 가지고 갈 수 없다는 단점과 날씨의 영향을 받는다는 점을 고려하여 시도하지 않았는데, 예상이 맞아떨어지기라도 한 걸까, 우리가 방문한 날에 비가 내렸다. 생동감 넘치는 색상이 아기자기하게 빛을 발하는 섬에 비가 내리니 약간 우중충해진 건 사실이지만, 기대와 다르게 흘러가는 게 여행 아닌가. 작고 아름다운 섬 안에는 작고 아름다운 교회와 도서관이 있는데, 그 작고 아름다운 도서관 창문을 통해 비가 내리는 모습을 바라보던 순간이 남아 있다. 방울방울 맺힌 빗물이 창의 표면에서 또르르 미끄러져 내려가고 그 뒤로 뿌옇게 보이는 푸른 초원이, 빨간 지붕과 간간이 날아다니는 하얀 북극제비갈매기와 보일 듯 말 듯 한 검푸른 바다가.

플래티 도서관Flatey Library은 1864년에 만들어졌다. 겨우 100권 정도의 책을 소장하고 있지만, 아늑한 소파 의자 위에 앉아 있으면 목조 건물의 나무와 종이 내음이 그윽하게 밀려온다. 작은 탁자에 놓인 방명록에 흔적을 남기는 걸 잊지 않았다.

방수 재킷 덕에 비가 내려도 섬을 산책하며 한동안 시간을 보냈다. 물 위에 떠 있는 수많은 퍼핀 떼를 만나고, 털이 토실토실한 양을 만나고, 염소와 거위 같은 동물들을 지척에서 만나다가 빗방울이 굵어져 카페로 들어갔다. 배가 오고 가는 시간에만 주인이 커피를 파는 공간인데, 여

행자들은 자유롭게 드나들어도 괜찮다. 레이캬비크에서 보기 드문 로파페이사 제품들이 많았는데, 그중 하나가 마음에 들어 입어보았다. 좀처럼 흥정을 잘하지 못하는 제이가 웬일인지, 흥정에 성공했다. 아이슬란드 여행 중에 여기서 구매한 스웨터를 입을 때마다 낯선 사람들로부터 '예쁘다'는 말을 듣곤 했다. 플래티섬에서 구매했다고 대답하곤 했지만, 아쉽게도 많은 여행자가 이 섬의 존재를 모르는 듯했다.

돌아 나오는 배 안에서는 의자에 앉아 꾸벅꾸벅 졸았고, 졸다가 눈을 뜨면 일렁이는 파도가 보였다. 반짝거리는 파도는 무슨 말이라도 전할 것처럼 자꾸만 가까이 다가오고 있었다.

미술관에서 흐르는 시간

아이슬란드 여행은 자연을 탐닉하는 게 관건이지만, 우리는 레이캬비크 도심 여행도 간과하지 않았다. 지금 와서 생각해 보면 차라리 이 시간에 자연을 더 탐험할 걸 그랬나, 하는 후회가 없는 건 아니지만, 만약 그랬다면 레이캬비크 여행을 향한 갈망 역시 커졌을 거다. 이렇게 하길 잘했어, 라고 안심하다가도 저렇게 할 걸 그랬나, 하며 안 해본 것을 향한 갈망. 모든 것을 다 할 수 없는 양가감정은 여행 중에 어쩔 수 없이 겪어야만 하는 일이겠다.

레이캬비크에도 미술관과 갤러리가 많기 때문에, 24시간 시티카드를 구매해 자유롭게 입장하기를 선택했다. 미술관까지는 시내버스를 타고 이동했다. 시티카드로 버스티켓을 대신할 수 있다. 카드 한 장으로 시내의 여러 지열 온천 수영장도 자유롭게 이용이 가능하다. 특히, 아이들과 함께하는 여행이라면 이 모든 걸 해볼 수 있는 하루 레이캬비크 여행을 꼭 해보기를 추천한다. 이 모든 혜택을 24시간 안에 다 누릴 수는 없지만, 그럼에도 본전을 되찾기 위해 부지런히 움직인다는 장점이 더해진다. 늘어지고 게을러야 마땅한 게 여행이라지만, 시티여행이라면 말이 조금 달라진다. 부지런해지고 싶은 마음이 들기도 하니까.

시티카드라는 단어가 주는 이질적인 매력. 현지에 동화되고 싶은 동시에 이방인이라는 사실을 표출하는 수단. 여행자만이 가질 수 있는 네모난 종이 카드를 자신 있게 내보이며, 프리패스를 증명할 때 느끼는 당당한 자신감 또한 포기하기엔 아쉽다.

하프나르후스 Reykjavik Art Museum Hafnarhus

하프나르후스는 '항구의 집'이라는 뜻을 가지고 있다. 1930년대 어업 창고로 사용하던 곳이 2000년에 미술관으로 재탄생했다. 규모가 꽤 큰 편이며, 유럽식 건축물에서 자주 접하던 안뜰이 있다는 게 특징이다.

1층에 마치 쇼윈도처럼 큰 통창을 만들어두어 길에서도 미술관 속 작품을 엿볼 수 있고, 2층 쉬어가는 라운지에서도 통창을 통해 레이캬비크 항구를 조망할 수 있다. 건물 외벽에서 이미 예술작품을 접하는 느낌이 들기도 한다. 아이슬란드 미술사를 관통하는 주요 작가뿐 아니라, 신진 작가의 작품까지 감상할 기회를 만들었다는 사실에 마음이 들떴다. 여유를 두고 천천히 걷기로 했다.

'겨울'이라는 제목의 파란 작품을 보다가 김환기를 떠올리기도 하고, 파스텔톤 직조작품을 보다가 포르투갈 여행을 떠올리기도 했다. 아이슬란드의 여름을, 밤을, 꽃을 떠올렸다. 어떤 난해한 설치미술을 보다가 작가의 마음을 헤아리려 해보고, 기괴한 영상 작품을 보다가 북유럽 문화를 조금 체감하기도 했다. 미술에 대해 잘 알지 못해도 나에게 맞게 감상하다 보면 어느 순간 감동으로 다가올 때가 있는 것 같다. 감동은 사진처럼 뚜렷한 기억을 안겨주고, 그 기억으로 얼마간을 살아가는 것이다.

책으로, 음악으로 해소되지 않는 답답함 혹은 영감을 향한 열망을 느
낄 때, 미술관을 다시 찾는다. 잘 알지도 못하면서. 그저 내게 맞는 속도
와 호흡으로, 내게 찾아오는 감동을 남기 위해. 조용한 나만의 시간이
이처럼 값질 수도 있구나, 하고 생각하면서.

아스문다르사픈 조각 미술관 Reykjavik Art Museum Ásmundarsafn

레이캬비크 시내에서 시내버스를 타고 아스문다르사픈 조각 미술관
을 찾았다. 미술관 건물 자체가 미술작품이다. 새하얀 미술관 사진을 보
자마자 매료되어 꼭 가보고 싶은 곳 리스트에 올려두었다. 아스문드르
스베인손Ásmundur Sveinsson(1893-1982)이 직접 설계하고 건축한 미술관

은 작가의 집이자 작업실이기도 했다. 흥미롭게도 이집트의 피라미드와 지중해의 둥근 지붕에서 영감을 받아 지었다고 한다.

아름다운 조각품 사이를 걸으며 자주 멈춰 섰다. 자세히 보고 싶어졌다. 마치 살아있는 눈빛 같은 정교함, 부드러운 곡선에서 느껴지는 힘, 강하면서도 연약하고 부드러운 손길을 거쳐 간 작품을 보며 조각이라는 매력에 빠져버렸다. 1936년 작품, 'The Kiss'를 보며 우리나라 조각가 민복진이 떠오르기도 했다. 키스와 사랑이라는 단어를 이렇게 표현할 수 있구나, 하면서도 동시에 이보다 더 잘 표현할 수는 없겠다는 생각이 들었다. 다양한 각도에서 보는 작품의 형태가 말해주었다. 창문에서 떨어지는 빛을 받을 때와 그림자가 질 때는 또 달라 보였다. 둥근 돔 형태의 지붕에 난 작은 직사각형 창문에서는 빛이 들어왔다 멈추기를 반복했다. 천천히 시간이 흐르고 있음을 느꼈다.

골든 서클

아이슬란드에 대해 잘 몰라도 건너 건너 '링로드'라는 말을 들어봤을 것이다. 자동차로 아이슬란드를 한 바퀴 도는 코스를 뜻하는데, 아이슬란드를 한 바퀴 도는 동안에 얼마나 구석구석 들르느냐에 따라 여행 일정은 달라지겠다. 특히, 여름에만 갈 수 있는 하일랜드 하이킹과 서북부 웨스트피요르드를 여행하느냐 마느냐에 따라서 아이슬란드 여행 판도가 바뀌기도 한다.

어떤 여행자는 단 일주일 만에 링로드를 한 바퀴 다 돌기도 한다. 혹시 나에게 허용된 시간이 부족해서 짧은 기간 내에 링로드를 도느라 하루 종일 운전만 해야 하는 상황이 된다 해도, 아이슬란드 일부를 느낄 수 있다. 자동차를 운전하며 보이는 풍경 자체가 아이슬란드일 테니. 세상 모든 아름다움이 빠른 속도로 내게로 다가와 안길 것이다! (동시에 두 번째 아이슬란드를 계획하는 자신을 발견할지도 모른다)

이렇게 긴 휴가를 내기 어려운 사람들이라도 아이슬란드에 간다면 꼭 들르는 필수 코스가 있다. 남부 굴포스Gullfoss, 게이시르Geysir, 싱벨리어 국립공원Þingvellir National Park을 포함한 지역을 일컫는 골든 서클Golden Circle 지역이다. 아이슬란드 관광청 마케팅의 하나로 시작된 골든 서클이라는 단어는 굴포스에서 가져왔다.

굴포스의 gull은 황금(gold)을 뜻하고, foss는 폭포(waterfall)를 뜻한다. 아이슬란드 여행에서 가장 많이 마주할 명소 중 하나가 폭포라 해도 과언이 아닌데, 그 첫 번째 여정이 바로 굴포스다. 직접 보기 전까지는 '폭포가 그게 그거지 뭐' 할지도 모르겠다. 내가 그렇게 심드렁했다.

대작 「왕좌의 게임」Game of Thrones」을 아시는지? 왕좌의 게임 중 많은 부분을 아이슬란드에서 촬영했다. 그중에서도 굴포스는 유럽에서 한 번에 가장 많은 양의 물이 떨어지는 것으로 유명한데, 그 물은 빙하가 녹은 물이라는 사실이 놀랍기만 하다. 여름에는 폭포 가까이 다가갈 수 있다. 폭포로 인해 생기는 작은 기포는 비처럼 흩날리고, 흩날리는 물방울 사이로 커다란 무지개가 떠오른다.

끝이 보이지 않는 땅속으로 쏟아져 내리는 폭포수는 마치 명화의 한 장면 같았다. 가슴 속에서 뜨거운 무언가가 끓어오르는 듯한 웅장함이 느껴졌다. 자연의 위대함을 넘어서 두려움마저 느꼈다. 여행하는 이유 중 하나는 자연 속에서 아무것도 아닌 나 자신을 발견하는 과정. 겸손해지는 마음, 언제 어디서 자연으로 돌아가더라도 이상하지 않을 마음을 단단하게 하는 일이겠다. 세찬 바람 때문에 우산이나 우비는 소용이 없으니, 차가운 물방울을 온몸으로 맞으면서도 쉽게 발걸음이 떨어지지 않았다.

골든 서클의 또 다른 코스인 게이시르는 간헐천을 뜻한다. 간헐천은 화산 열에 의해 데워진 지하수가 압력을 받아 분출하는 작은 온천인데, 지구상에서 단 몇 개의 지역에서만 볼 수 있기에 특별하다. 게이시르 지

대에는 크고 작은 간헐천이 곳곳에 있다. 사람들이 둥그렇게 모여 언제 튀어 오를지 모르는 장면을 카메라와 눈으로 담으려고 대기 중인 모습 또한 하나의 재미. 그 사람들 틈에 끼어 속으로 숫자를 세기 시작한다. 보글보글 끓기 시작하는 물이 곧 폭발할 거라는 신호다. 60도~80도까지 이르는 물이 하늘을 향해 폭발하는 순간, 너나 할 것 없이 소리를 지르며 한 걸음 물러서는데, 만약 그 높이가 엄청난 폭발을 목격했다면, 한두 걸음 뒤로 물러나는 거로는 부족하다. 본능적으로 놀라 100m 달리기하듯 뛰어 도망가는 자신을 발견하게 될지도! 현재까지 가장 높이 솟아오른 증기 기둥의 높이는 약 170m라고 한다.

마지막 소개할 골든 서클의 주요 관광지는 싱벨리어 국립공원이다. 유네스코 세계문화유산으로 선정된 싱벨리어 국립공원은 아이슬란드에서 민주적으로 선출된 세계 최초 의회인 알싱기^{Alþingi} 가 정기적으로 열렸던 곳이라 그 의미도 크다. 이 지역에는 유라시아 대륙판과 북미 대륙판이 만나는 곳이 인기명소이다. 두 대륙판의 경계선이 만나는 곳을 두 발로 밟으려면 알만나갸^{Almannagja}협곡에서 짧은 하이킹을, 물속에서 양손으로 짚어보려면 실프라 호수에서 스노클링을 해보자.

싱벨리어 국립공원 역시 여러 영화의 촬영지로 사랑받아 왔다. 트롤과 요정이 살고 있을 것만 같은 분위기에 압도당해 신비에 휩싸일지 모르겠다. 신이 세상을 만들기 전에 연습 삼아 만들어 봤다는 수식어가 붙는 아이슬란드의 매력은 골든 서클에서 시작된다.

여름 시기에 굴포스에 간다면 방수되는 등산화와 고어텍스 재킷은 필수, 카메라를 보호할 드라이백을 준비물로 챙겨가면 좋다. 사방에서 쏟아지는 폭포수 물방울이 마치 비처럼 쏟아져 내리기 때문이다.

다이아몬드 서클

아이슬란드 남부에 위치한 골든 서클과 달리, 북부에 있는 다이아몬드 서클은 링로드를 한 바퀴 도는 여정, 혹은 투어에 참여하는 여정을 택했을 때 여행 가능한 코스다. 우리는 다이아몬드 서클도 섭렵했지만, 고래를 보기 가장 좋다는 후사빅Húsavík에서는 실수로 고래를 보지 못했다. 비록 웨일 와칭은 실패했지만, 항구도시의 여유와 바다 내음을 흠뻑 느꼈다.

미바튼Mývatn은 온천지구인데, 단체 관광객들이 꼭 거쳐 가는 코스일 정도로 물도 좋고 주변 풍광도 좋다. 블루 라군처럼 규모가 크지는 않지만, 탁 트인 주변 경관을 바라보며 짧고 굵게 온천을 즐길 수 있다.

데티포스Dettifoss는 영화 「프로메테우스」를 촬영한 거대한 폭포로, 고다포스Goðafoss는 신들의 폭포로, 아스비르기Ásbyrgi는 말굽 모양의 아름다운 협곡으로 유명한데, 시간이 모자라 단 한 곳만 가야 한다면 단연 데티포스를 추천하겠다. 대부분 미바튼 호수에서 온천 수영을 즐기는 것 같지만 말이다. 여유로운 숲속 산책을 좋아한다면 아스비르기 협곡을 가보는 것도 추천한다. 황량하고 신비로운 아이슬란드의 드넓은 우주공간을 지나다가 울창한 나무숲을 거닐며 잠시 다른 나라에 온 듯한 착각에 빠질지도 모르겠다. 여름철 초록 물결 굽이치는 풍경은 마음마저 푸른빛으로 물들일 것이다.

내가 만난
강렬하고 매혹적인 폭포 8

굴포스 Gullfoss

굴포스라는 이름에서 오는 감흥, 어떤 강렬한 느낌은 없었다. 황금 폭
포를 의미한다는 것과 가장 인기 많은 폭포 중 하나인데, 아이슬란드에
서는 어느 폭포나 다 인기가 있는 것 같고, 그러니까 거기에 꼭 가야 하
나, 라는 생각이 들지도 모르겠지만 굴포스는 조금 다르다. 포스가 다르
다. 강렬하고, 매혹적이다. 위에서 내려다보는 모습도 놓칠 수 없지만,
여름에 가까운 계절에 방문한다면 꼭 아래 트레일을 걷길 바란다. 폭포
와 맞닿은 경계선에 서보길 바란다. 방대한 폭포수가 굉음을 내며 끝없
는 나락으로 떨어지는 모습, 쏟아지며 만들어낸 수많은 물방울이 공기
중에 튀어 올라 비처럼 내려앉는 모습, 물방울이 만들어낸 무지개와 아
스라이 퍼지는 물안개와 반짝이는 햇살 아래 서 있는 나라는 존재는 한
없이 작고 작은 인간일 뿐이었다.

여름 굴포스에 반한 나는 겨울에도 망설임 없이 다시 방문했다. 오후
3시쯤이라 해가 질 무렵이었다. 새하얀 세상은 한없이 평온해 보였지
만, 거센 바람을 뚫고 가는 길은 혹독했다. 바라클라바와 투명 고글을
준비하지 않았다면 얼굴이 떨어져 나갔을지도 모른다. 겨울에는 위에
서만 폭포를 조망할 수 있는데, 그 광경은 도저히 말로 표현하기가 어렵

다. 마침 하늘은 점점 남색과 보라색 그 중간쯤으로 변해갔다. 점점 옅어지다가 짙어졌다. 해와 달이 동시에 떠 있었다. 그대로 자연에 안겼다. 아무것도 생각이 안 난다는 말, 시름을 잊는다는 말 따위밖에는 아무 생각도 나지 않았다.

1907년에 영국의 한 사업가는 아이슬란드 굴포스를 수력발전소로 이용하고자 매입을 시도했다고 한다. 당시 소유자인 아이슬란드 주인의 노력으로 굴포스를 지킬 수 있었고, 돌에 새겨진 그의 이름은 굴포스 꼭대기에 영원히 남게 되었다.

스코가포스 Skogafoss

정확하게 수직으로 떨어지는 폭포의 모습에 반해버렸다. 분명 잠시 머무르는 곳이라 들었는데, 발길이 떨어지질 않았다. 마치 커튼처럼 늘어진 폭포수에 가까이 갈수록 온몸이 젖고 만

다. 땅에는 폭포수가 고여 작은 호수를 만들었고, 강처럼 흘러내려 간다. 호기심이 생긴 나는 기어코 폭포 가까이 갔다가 소나기를 쫄딱 맞은 꼴이 되었다. 폭포 뒤에는 보물이 숨겨져 있다는 전설이 있는데, 보물을 얻기란 쉬운 일이 아닐 것 같다.

셀야란즈포스 Seljalandsfoss

가파른 절벽 위에서 폭포가 떨어지는데, 폭포 뒤쪽으로도 들어갈 수 있다는 특징을 가지고 있다. 겨울에는 물이 얼어 위험하므로 뒤쪽 길이 막혀있지만, 여름철 해가 뜨고 지는 시기에 방문하면 아름다운 야생화와 폭포수에 비친 빛과 함께 아름다운 절경을 감상하기에 좋다.

데티포스 Dettifoss

데티포스는 바트나요쿨 국립공원에 속해 보호받는다. 바트나요쿨은 유럽에서 가장 큰 빙하인데, 그 빙하에서 흘러나오는 물이 폭포가 되어 쏟아진다고 하니 그 규모를 감히 상상할 수 있을까? 유럽에서 가장 강력한 폭포라는 명성답게 초당 쏟아지는 물의 양이 엄청나다.

데티포스 가는 길은 862번 포장도로를 이용하는 것과 864번 비포장도로를 이용하는 것 두 가지로 나뉘는데, 이게 참 난관이다. 폭포를 바라보는 뷰가 완전히 달라지기 때문이다. 당연히 포장도로로 가는 게 쉽지 않을까 싶지만, 꿀렁이는 비포장도로를 지나가서 만나는 풍경이 더 인기가 많은 듯하다. 영화 「프로메테우스」에서 나온 멋진 장면을 비슷하게 연출할 수 있을 정도로 가까이에서 폭포를 마주할 수 있다. 반면 반대쪽에서 바라보는 풍경은 폭포 전체를 조망할 수 있어 또 다른 아름다움을 느낄 수 있는데, 양쪽 다 경험하기엔 시간이 한두 시간 더 소요되므로 다른 계절에 한 번 더 방문하기를 소망해 보면 어떨까?

알데이야르포스 Aldeyjarfoss

아이슬란드의 거대하고 아름다운 폭포 중 하나로 빠지지 않는 알데이 야르포스는 북부의 도시 아큐레이리에서 차로 약 1시간 30분쯤 소요되는데, 가는 길이 험한 편이라 많은 여행자들이 찾지 못하는 곳이다. 4륜 구동 차량을 이용한 자유여행자들이 F로드를 운전해야 닿을 수 있기 때문이다. 하지만 일단 가기로 마음을 먹었다면 한적하고도 광활한 대자연의 고요를 만날 수 있다. 고요에 대비되는 폭포의 굉음을 듣는 건 엄청난 경험이다. 아름답다 못해 신비로운 검은 현무암 기둥에 떨어지는 폭포수가 만들어낸 빛깔은 오묘하고 경이롭기 그지없다.

고다포스 Goðafoss

'신들의 폭포'라는 뜻을 가진 고다포스는 링로드 바로 근처에 위치하기에 많은 여행자들이 방문하는 곳이다. 커다란 말발굽 모양을 하고 있

는데, 동쪽과 서쪽에서 볼 수 있는 풍경이 달라진다. 낮 12시 전후로 단체 관광버스가 방문하기 때문에, 아침 일찍 혹은 저녁노을 질 무렵, 여름 여행이라면 밤 11시쯤에 지는 노을과 함께 아름다운 모습을 감상할 수 있다.

딘얀디 Dynjandi

아이슬란드 웨스트피요르드에 자리 잡고 있는 딘얀디는 7개의 층을 이루는 멋스러운 폭포로 유명하다. 각 층의 높이는 100m 이상이며, 가까이에서 보는 물의 양과 느껴지는 파워는 초현실적이다. 층층을 이루고 있는 모습은 멀리서 보면 마치 신부의 베일을 연상케 하지만, 딘얀디는 천둥소리를 낸다는 뜻을 가지고 있다.

히얄파르포스 Hjálparfoss

영어로 'Help'라는 뜻을 가지고 있는 히얄파르포스는 GPS가 없던 과거에 아이슬란드인들이 말을 데리고 여행하며 풀을 뜯어 먹게 할 초원을 찾는 데 도움을 주었기 때문에 붙여진 이름이다. 멀리서 조망하면 하트 모양을 하고 있는 폭포를 보게 되는데, 여름철엔 폭포수가 만든 못 안에서 수영하며 자유를 만끽해보자.

키르큐펠Kirkjufell

수많은 사진작가가 사랑한 여행지, 키르큐펠산의 특징은 정상이 뾰족하다는 것이다. 드라마 「왕좌의 게임」에서는 화살촉 산으로 표현했고, 혹자는 스위스의 마테호른을 닮았다고 한다. 평범한 산보다 조금 더 정확한 삼각형 모양에 가깝기 때문일까? 아이슬란드에서 사진이 가장 많이 찍힌 명소라고 한다.

키르큐펠의 매력은 겨울에 더욱 빛을 발하는 것 같다. 하늘에서는 초록빛 오로라가 이글거리고, 눈 쌓인 뾰족한 산은 하얀빛을 내뿜고, 그 아래 폭포 물줄기가 쏟아져 내리는 모습까지 더하면 그야말로 그림 같은 장관이 완성되는 것이다.

그런데 여행 오기도 전에 키르큐펠 사진을 너무 많이 접해서일까? 감흥이 조금 덜 했던 것 같다.

여행을 가기 전에 다른 사람의 후기를 많이 찾아봤더니, 여행지에서 '이미 봤던 곳'이라는 착각 때문에 재미가 없었다는 분의 말이 떠올랐다. 파리에 갔지만 에펠탑에 가지 않거나, 이집트에 갔지만 피라미드에 가지 않았다는 여행자의 말도 오버랩되었다.

키르큐펠은 교회를 닮았다는 의미를 가지고 있다. 여름에는 키르큐펠산 하이킹이 가능하지만, 과거에 추락사가 몇 번 있던 관계로 주의해야

한다. 좁은 산을 빙빙 돌아 정상까지 오르는 길에 바람이 강하게 부는

등 날씨가 급변할 가능성이 크다.

이트리 툰가 Ytri Tunga

이트리 툰가에는 물개가 산다. 물개뿐 아니라, 비슷하게 귀여운 해양 동물들이 살고 있어서 가볍게 한 번쯤 들르는 여행코스이다. 웨스트피요르드에는 남아 있는 바다코끼리는 더 이상 이곳에는 없지만, 물범과 해달과 물개만으로도 충분히 아름답다.

북유럽에는 셀키Selkie라는 전설 속 요정이 있는데, 평소에는 바다표범의 모습을 하고 있다가 육지에 올라올 때는 아름다운 인간의 모습으로 바뀌는 인물이다. 아이슬란드에서는 바다표범 대신 물개를 셀키의 주인공으로 묘사하기도 한다.

물개를 발견하기 좋은 시기는 여름이다. 바위에 누워서 따뜻한 햇살을 받으며 일광욕을 즐기는 모습을 보면, '귀여운 것이 세상을 구한다'는 말이 무슨 뜻인지 어렴풋이 알 것도 같다.

이때 주의할 점은? 해변 가까이 갈수록 발걸음 소리는 물론, 말소리도 조심해야 한다는 것. 주차장 입구에 큰 소리를 내면 안 된다는 표지판이 서 있다.

CHAPTER 2.
WINTER IN ICELAND

아이슬란드 겨울 날씨

"한국에도 겨울에 눈이 내리나요?"

"네, 마침 어제도 한국에 엄청나게 눈이 많이 내렸다는 소식을 들었어요."

아이슬란드 작은 마을 숙소 앞에서 무릎까지 쌓인 눈을 푹푹 밟았다. 새하얗게 덮인 눈이 오직 아이슬란드의 것이 아니었다. 그런데 왜 그토록 특별하고 빛났을까.

문득 여행지에서의 대화가 떠오르던 지난 밤사이, 서울에 눈이 많이 내렸다. 사람들은 올해 마지막 눈일 거라며 너도나도 소셜미디어에 사진을 올렸다. 나도 카메라를 들고 집을 나섰다. '춥네.' 겉옷 지퍼를 올리며 생각했다.

"에린, 추우니까 지퍼 올려."

"아니야, 나 얼굴만 추워. 괜찮아."

여행지에서 제이는 내게 꼭 겉옷의 지퍼를 올리라는 당부를 하곤 했다. 산책길에 혼자 나선 나는 마침 그런 대화를 떠올리며 겉옷을 단단히 여몄고, '덜 춥다'고 느꼈다.

연남동 경의선 숲길을 걸으며 추억했다, 아이슬란드를. 눈이 녹아 질 퍽거리던 레이캬비크 거리를. 눈이 펄펄 날리던 새벽녘에 차에 쌓인 눈을 치우던 순간을. 눈길에 미끄러진 제이와 나, 깨져버린 무릎과 카메라 렌즈를. 나는 그 깨진 렌즈를 기어이 한국으로 가져왔다.

아이슬란드 겨울 여행을 12월에 떠난 이유는 온전한 겨울을 느끼고 싶어서였다. 워낙 추위를 많이 타는 우리가 한겨울에 북유럽 여행을 결정했다는 자체가 놀라운 일이었다. 이왕이면 제대로 된 겨울을, 크리스마스와 연말과 새해를 맞는 기분까지 제대로 경험하고 오겠다고 다짐했다.

한국에서는 아무리 추워도 코트 입는 걸 선호했기에, 아이슬란드 여행을 위해 방수가 되는 패딩을 구매해야 했다. 목도리, 장갑, 바라클라바와 두꺼운 양말에 등산화는 기본이었다. 이쯤 하니 여행 경비만큼 여행 준비에 드는 비용도 만만치 않았다. 이번 여행을 계기로 겨울 여행도 다녀보겠다는 의지를 다졌다. 특히 오로라를 보기 위해 야외에 오래 있는 날, 12월 31일 아이슬란드 사람들이 모두 나와 불꽃놀이를 하는 날, 얼음동굴 투어 등 액티비티를 하는 날에 겹겹이 껴입을 옷들도 꼼꼼히 준비했다.

아이슬란드의 12월과 1월은 생각처럼 춥지 않았다. 최악을 예상해서 마음을 단단히 먹고 왔기 때문이다. 당시 한국의 기온이 영하 20도까지 내려갔다는 뉴스를 접하고 깜짝 놀랐다. 반면 아이슬란드 온도는 영하 4~5도 정도로 평이했다. 오로라를 보는 날 새벽에야 영하 12도 정도로 내려가긴 했지만, 이미 10겹씩 껴입고 만반의 준비를 했기에 문제 될 건 없었다. 기온은 그렇다 치고, 불어닥치는 바람이 걱정이었는데, 이 또한 우리에게 큰 시련을 주지 않았다. 하루, 이틀쯤 고생을 하긴 했지만 얼굴을 꽁꽁 싸매고 다녀서인지, 견딜만했다. 여행작가에겐 한

번쯤의 시련도 꽤 재미있는 에피소드가 될 수 있기 때문에 드는 실없는 생각이라고 해두자.

핀에어 수하물 23kg 정책은 한 치의 오차도 없이 엄격해서 핫팩 개수를 줄여왔기에, 정작 여행지에서는 아껴 쓰는 중이었다. 추운 날엔 그저 먼저 써버리면 됐는데, 맛있는 것도 꼭 나중에 먹으려고 아껴두었다가 버리고 마는 습관은 이럴 때도 나타났다. 하루 이틀 지나가다 보니 결국 3주 뒤에 핫팩이 많이 남아버려서 허무한 마음을 감출 수 없었다. 그만큼 매우 추운 날이 많지 않았다는 뜻이기도 했다.

그러니까 겨울 아이슬란드 여행이라고 해서 미리 겁먹을 필요는 없다고 말하고 싶다. 그간 추위가 무섭다는 이유로 겨울 여행을 이제야 해본 것을 후회할 정도였다. 겨울이 이렇게 아름다웠다니, 가장 좋아하는 계절이 뭐냐고 물으면, 당분간 겨울이겠다. 역시 인생은 모험이다. 일단 떠나보자. 걱정은 용기로 변해있을 것이다.

크리스마스 빌리지

겨울에 한 번 더 아이슬란드 여행을 떠나기로 결심한 뒤, 정확한 여행 시기는 언제가 좋을지 오래 고민했다. 12월부터 3월 중에서 언제 오로라를 더 잘 볼 수 있을까, 언제 가야 눈보라 폭풍을 덜 만날까, 언제 가야 덜 추울까, 같은 고민은 소용없었다. 어차피 아이슬란드 날씨는 예상 불가능하기 때문이다. 갑자기 비가 내려도 5분만 기다려보라는 말이 있을 정도로, 변덕스럽기로 유명하다.

문득 크리스마스를 떠올렸다. 북유럽의 크리스마스는 왠지 더 로맨틱할 것 같다는 생각이 들자, 기대와 설렘, 갈망으로 가슴이 뛰기 시작했다. 레이캬비크 근교 도시, 하프나르피오르뒤르Hafnarfjörður의 욜라포르피드Jólaþorpið는 크리스마스 마을로 유명하다. 아이슬란드에는 산타클로스 대신 율라드가 산타를 대신한다고 했지만, 하얀 수염을 붙이고 빨간색 복장을 한 산타가 사람들을 환영

한다. (아무래도 시대를 반영한 것 같다) 아이슬란드식 뱅쇼와 수제 크리스마스 케이크를 사 먹으며 축제 분위기에 열을 올릴 때쯤, 산타가 말을 걸며 사진도 찍어준다. 우연히 "안녕하세요?"라고 한국말로 인사하는 산타를 만나 얼마나 반가웠는지 모른다. 호주 유학 시절 룸메이트가

한국 사람이었단다. 크리스마스 마켓으로 유명한 유럽의 다른 나라와
비교하면 규모가 턱없이 작긴 하지만, 어둠이 빨리 찾아오는 극지방의
크리스마스는 더없이 소중하고 특별하다. 축제 기간을 위해 마련한 회
전그네, 아이들로 꽉 찬 아이스링크, 주변을 반짝이는 불빛과 노랫소리
와 바다 내음과 사람들의 다정한 소음이 어우러진 마을은 시간이 흐를
수록 점점 더 빛났다. 영화 같다고 생각했다.

욜라포르피드

레이캬비크에서 자동차 또는 1번 버스로 20분 소요된다. 11월 17일
부터 운영하며, 금요일에는 오후 5시부터 8시까지, 주말에는 오후 1시
부터 6시까지, 12월 23일에는 밤 9시까지 진행한다.

레이캬비크 도심 곳곳에서도 작은 크리스마스 마켓이 열린다. 그런
데 우리나라 홍대, 강남 등에서 열리는 플리마켓보다도 규모가 작다. 아
무리 아이슬란드의 수도 레이캬비크라도 인구수 자체가 적고, 여행자
도 많지 않아 그런 것 같다. 아이슬란드 사람이라면 대부분 가족과 친
구와 함께 직접 요리하며 즐기는 크리스마스를 선호할 것 같기도 하고,
도심에서 크리스마스라고 파는 물건들은 제값보다 비싸기 때문일 것
같기도 했다. 12월 24일과 25일에 문 닫는 식당들이 많다는 말을 익
히 들었지만, 적당히 운영하는 식당들도 몇 있었다. 23일에는 밤새 레
이캬비크 밤거리가 화려한 환호로 장식되지만, 정작 크리스마스 이틀
은 고요하다.

우리는 도심에서 크리스마스 분위기를 한껏 느낀 뒤, 24일에는 고요
한 시골 마을의 한 숙소를 찾았다. 불빛이 하나도 없어 숙소 리셉션을

찾는 데만도 애를 먹었다. 다행히 숙소는 기대했던 것보다 포근하고 아늑했다. 크리스마스 뷔페식 저녁 식사를 제공한다기에 들뜬 마음으로 신청했다. 아이슬란드식 버터와 빵, 따뜻한 수프와 각종 요리를 먹으며 옆 테이블 여행자들과도 "메리 크리스마스" 인사를 나눴다. 숙소 주인이 직접 만든 아이스크림 디저트를 먹으며 생각했다. 아이슬란드라는 미지의 나라에서 사랑하는 사람과 먹는 크리스마스 저녁 식사에 대해, 아이스크림보다 달콤한 대화와 그에 반하는 창밖의 차가운 공기와 어둠과 어둠을 밝히는 작은 불빛에 의존하며 숙소까지 걸어가는 발걸음에 대해.

| 아이슬란드 크리스마스

욜라스네이나르Jólasveinar 13

욜라스네이나르는 아이슬란드에서 산타클로스 역할을 대신하는 13명의 트롤이다. 발음이 어려워서 많은 이들이 영어식 표현인 '율라드Yule lads'로 부른다. 산에서 살고 있던 율라드는 크리스마스 전까지 하루에 한 명씩 마을에 내려왔다가, 다시 하루에 한 명씩 집으로 돌아간다는 전설이 있다. 창문에 신발을 올려두면 율라드가 선물을 놓고 갈 테지만, 마을에 내려와 있는 동안 율라드는 주특기인 장난을 치고 돌아간다.

26일간의 축제

아이슬란드 사람들은 12월 25일에 가족과 함께 크리스마스를 보내고, 12월 26일은 친구들과 함께 두 번째 크리스마스를 보낸다. 공식적으로 크리스마스 휴일이 이틀인 것 같지만, 크리스마스 축제 기간은 26일(12월 12일~1월 6일)이나 된다. 그러니까, 12월 25일에서 13(명)을 뺀 날짜인 12월 12일부터 율라드의 방문은 시작되고, 다시 마을로 돌아가기까지 13일이 걸린다는 이론이다. 연말에는 또 새해 카운트다운을 기다리는 불꽃 축제가 이어지니, 12월 내내 거의 축제 분위기인 셈.

욜라코투린Jólakötturinn

욜라코투린은 크리스마스 고양이로, 트롤과 함께 크리스마스에 찾아온다. 율 캣Yule cat 혹은, 크리스마스 캣Christmas cat이라고 부르며, 크리스마스에 새 옷을 입고 있지 않은 아이를 잡아먹는다는 무시무시한 전설로 존재한다. 우리가 흔히 아는 고양이가 아니라, 5m가 넘는 거대한 검은 고양이다. 크리스마스 시즌에는 아이슬란드 곳곳에서 욜라코투린 모형을 찾아볼 수 있다.

글레디레그 욜Gleðileg jól

글레디레그 욜은 아이슬란드어로 '메리 크리스마스Merry Christmas'를 뜻한다. 아이슬란드어로 크리스마스는 '욜Jól'이지만, 영어식으로 말하면 '율Yule'로 표기하기도 하므로 사람들에게는 Yule lads, Yule cat이라는 표현이 익숙해진 것. 영어단어 Yule은 고대 스칸디나비아 사람들이 기념했던 성탄절 축제에서 유래한 단어로, 크리스마스 시즌을 통틀어 지칭한다.

알페신 & 몰트Appelsín & Malt

알페신은 아이슬란드 버전의 오렌지 맛 환타 같은 음료이고, 몰트는 몰트 맥주와 비슷하지만, 알코올이 없는 진한 갈색 음료다. 아이슬란드 크리스마스 시즌에는 이 두 음료를 섞어 마시는 전통이 있는데, 아예 이 두 가지 음료를 섞어 만든 음료수를 팔기도 한다. 겨울철 아이슬란드 마트에서 흔히 볼 수 있는 두 음료를 구매하여 꼭 한 번 마셔보자.

뢰이파브뢰이드^{Laufabrauð}

뢰이파브뢰이드는 얇고 납작한 반죽을 만들어 나뭇잎 문양을 내어 구워 먹는 빵이다. 빵이라고 하지만, 직접 먹어보니 바삭바삭한 과자 같았다. 그 위에 아이슬란드 버터를 발라 먹곤 하는데, 그냥 먹어도 맛있다. 겨울철 마트에서 둥그런 모양의 통 하나를 구매했다가 여행 내내 간식으로 먹기에도 좋다.

별과 오로라

9번 정류장 앞에 서 있는 사람들 틈에 비집고 들어갔다. 달뜬 마음을 감추지 못해 반짝반짝 빛나는 얼굴로 서로에게 가벼운 눈인사를 나눈다. 아이슬란드 레이캬비크에는 버스 정류장마다 고유한 번호가 있다. 투어 업체들은 각 여행자 숙소에서 가까운 버스 정류장 번호를 말해주고 픽업 약속을 잡는다. 그러니까, 여기 모인 사람들은 전부 어딘가로 떠나는 투어 차량을 기다리는 중이다.

우리는 슈퍼지프 오로라투어를 신청했다. 직접 운전해서 오로라 헌팅을 떠나보기도 할 테지만, 우리끼리 아이슬란드 겨울밤 운전을 하는 데에는 한계가 있기 때문이다. 전문가와 함께 조금 더 멀리, 조금 더 깊숙이 떠나야 오로라를 잘 볼 수 있을 거라 기대했다. 만약 투어 당일에 오로라를 보지 못한다면, 바로 다음 날이라도 추가 금액 없이 다시 이용할 수 있다는 조건도 꽤 합리적이다.

사람들을 하나, 둘 떠나보내는 사이, 우리가 탈 슈퍼지프가 도착했다. 검은색인지 갈색인지 구별하기 어려운 짙은 색 시트 위로 훌쩍 올라탔다. 히터를 틀었는데도 썰렁한 기운이 혹 올라왔다. 손을 엉덩이 밑으로 깔고 앞 좌석의 시계를 가만히 바라보았다. 밤 10시가 막 지나고 있었다. 어두컴컴한 밤을 가로질러 별을 보러 가는 길. 운이 좋으면 오로라를 볼 것이다.

행운이라는 말장난에 관대하지 않은 나에게, 그래서 행운은 찾아오지 않았나 보다. 첫날에는 결국 오로라를 보지 못했다. 까만 밤하늘에 잔뜩 뿌려진 설탕 같은 별만 잔뜩 보았을 뿐이다. 별만 잔뜩 보았다니. 별씩이나 보았는데 말이다. 총총 박힌 별을 보고 행복했으면서. 짙은 하늘에 유난한 하얀 별을 보느라 시간 가는 줄 모른 채 눈길을 밟고 또 밟았다.

다음 날 밤, 우리는 다시 9번 정류장에 서 있었다. 검은색인지 갈색인지 구별하기 어려운 짙은 색 시트 위로 훌쩍 올라탔다. 지난밤에 같이 투어를 했던 여행자 둘이 더 있었다. 우리가 인사 나누는 모습을 보고, 처음 탄 사람들이 물었다.

"그래서, 어제 못 봐서 오늘 또 온 거라고? 아예 못 봤어?"

"응, 그럼 이렇게 추가 비용 없이 다시 올 수 있어."

"다음 날 시간이 안 되는 사람은 어떻게 해?"

"글쎄, 안됐지만 1년 내에만 그 기회를 이용할 수 있대."

두 번째 투어를 하면서 나는 이미 베테랑처럼 굴었다. 심지어 오로라를 보지도 못했으면서. 재밌다고 생각했다. 전날과 다른 목적지로 향했다. 도착한 곳에 다른 투어 업체 차량도 두어 대 합류했다. 마침 크리스마스 며칠 전이었고, 모여든 사람들은 마치 작은 축제를 즐기러 온 것처럼 들떠있었다. 하늘을 보니 한쪽엔 구름이 가득하고, 다른 한쪽엔 조용히 별들이 빛나고 있었다.

우리 차량은 빵과 코코아 혹은, 럼 한 잔을 주는 이벤트를 포함하고 있었는데, 크리스마스 즈음이기도 해서 아이슬란드식 크리스마스 케이크를 준비했다고 했다.

아이슬란드 사람들은 크리스마스에 비나르테르타^{Vinarterta}라고 불리는 디저트를 먹는다. 말린 자두로 만든 잼을 바른 빵을 겹겹이 쌓아 만들었는데, 비스킷처럼 바삭하면서도 시폰케이크처럼 촉촉하다. 네모난 모양으로 잘라둔 케이크 한 조각을 베어 물면 시나몬 향이 코를 훅 찌르고, 달콤한 바닐라 향이 입안에 가득 퍼진다. 영하 10도의 추위와 어울리는 디저트라는 생각이 절로 든다. 달디 단 케이크를 기어코 두어 조각 더 먹으며 밤을 버텼다.

크리스마스 케이크니까, 다른 투어 업체 여행자들도 우리 차 뒤에 줄을 서서 케이크와 코코아를 받아 갔다. 달달한 케이크만큼이나 훈훈한 정이 오가는 사이, 초록빛 오로라가 나오기 시작했다.

"저기! 오로라가 나왔다!"

기대만큼 강력한 오로라가 아니어서 아쉬운 마음도 잠시. 운이 좋아야 볼 수 있다는 오로라를 오래오래 바라보았다. 눈으로 한 번, 사진으로 한 번, 번갈아 보며 생각했다. 다행이다, 오로라를 볼 수 있다니. 나는 정말 행운이야.

하늘을 반으로 가로지르는 빛은 반짝이는 별과 함께 마법처럼 빛났다. 물결처럼 일렁이다가 멈추었다가 사라질 듯 옅어지는 빛을 보며 얕은 탄식을 뱉어냈다. 구름 속에 가려져 있던 빛줄기가 강해지면 다시 환호했다. 바스락거리는 발걸음 소리 외에는 숨죽인 사람들의 기쁨과 놀라움 섞인 탄성만 들릴 뿐이었다. 오로라 사진을 수도 없이 접했지만, 두 눈으로 직접 마주한 광경은 감동이었다. 황홀했다. 찬란했다. 우리는 서로 포옹했다.

차가운 아이슬란드 공기에서 자작나무 향이 났다.

그로타 등대에서 만난 오로라

기다리기를 좋아하는 사람이 어디 있으랴.
기다리기를 싫어하면서도 우리는 왜 그렇게 열심히 기다릴까?
아마 기다림을 배웠기 때문일 것이다.

페터 빅셀의 『나는 시간이 아주 많은 어른이 되고 싶었다』(푸른숲, 2013)에서 읽었던 글귀를 떠올렸다. 기다리는 일은 어쩌면 지루하고, 초조한 일이겠다. 한편으로는 설레는 일 그러니까, 어린 왕자를 기다리는 여우의 마음처럼, 기다리는 일은 기대하는 마음이 되기도 한다고 생각하는 중이었다. 찬 바람이 부는 밤이어서 차에서 선뜻 내리지 못하고 주저하고 있었다. 시동을 끄고, 데워졌던 차가 점점 차가워지는 걸 느끼며, 차창 밖으로 지나가는 사람들을 보았다. 사람들도 기다리고 있었다. 어디로 갈지 모르는 발걸음을 정처 없이 옮기면서. 하늘을 이리저리 올려다보며 간절히 바라는 그것이 나타나주기를 기다리고 있었다. 제이는 먼저 카메라와 삼각대를 들고 나갔다. 주차된 차 근처에서 삼각대를 세우는가 싶더니, 금방 시야에서 사라졌다. 목도리를 단단히 여미고 나가보자. 마치 어디선가 빛을 내고 유유히 내려올 외계 물체를 상상하듯, UFO가 나타나기만을 기다리듯, 목이 빠질세라 하늘을 바라보며, 눈이 녹아 질퍽한 땅을 걷기 시작했다.

오늘 밤은 우리끼리 오로라 헌팅을 하러 나선 날이다. 오로라 투어 업체를 통해 오로라를 만나본 적이 있으니, 이번엔 우리끼리 헌팅을 해보기로 한 것이다. 마침 레이캬비크 근처 그로타 등대가 오로라명소 중 하나라는 정보를 입수하고, 저녁 8시에 출발했다. 오로라는 기다림이다. 밤 9시, 10시, 11시, 12시까지 가만히 서서 기다리는 일. 일상의 단조로움을 벗어나 여행을 떠나왔는데, 이보다 더 단조로운 일이 있을까 하는 생각을 견디는 일. 육안으로 보이지 않는 초록빛이 혹시 카메라 렌즈에는 담길까, 하며 카메라를 하늘 여기저기에 돋보기처럼 들이댔다. 그야말로 헌팅이었다.

유독 걱정이 많은 내가 여행을 좋아하는 이유는, 여행지에서는 걱정을 잊을 수 있기 때문이다. 그렇다고 24시간 내내 행복하기만 하느냐하면 그것도 아니라서, 행복하면 행복한 대로 걱정을 하고야 마는 멍청한 사람이기도 하다. 그런데 이렇게 어떤 일에 푹 빠진 순간만큼은 그냥 걱정도, 행복도, 아무것도 모르겠고, 그냥 빨리 오로라야 나와줘, 하는 마음으로 오들오들 떨고 있을 뿐이니까, 이런 게 바로 내가 바란 여행일까, 모험일까, 노동일까, 하는 생각을 하다가 잠시 웃다가 하늘을 보다가, 다시 오들오들 떨다가 발견해 버리는 것이다, 눈이 부시도록 아름다운 오로라를!

예상대로 오로라는 육안으로 먼저 보이기 전에, 카메라에 감지되었다. "어! 어! 오로라?" 하고 하늘을 보면 잘 보이지가 않았다. 깜빡깜빡 눈을 떴다, 감았다, 장갑 낀 손으로 눈을 비벼 보아도 보이지 않는 오로라가

스마트폰 카메라에서는 선명하게 잘 보였다. 이 사실을 모르는 사람들은 아직도 손을 호호 불어가며 발을 동동거리고 있었다. 내 옆에 있는 세 명의 무리에게 말해주었다.

"봐! 저기 오로라가 나왔어!" "어디, 어디?"

스마트폰 화면을 보여주자 그제야 소리를 지르며 오로라가 나왔다고 외쳤고, 사람들도 오로라를 향해 가까이 더 가까이 걸어가기 시작했다.

제이를 찾아야 했다. 사람들과 오로라를 번갈아 바라보며 동시에 두리번거렸다. 제이도 나를 찾고 있었다. 내가 여전히 차에서 기다리고만 있을까 봐 일부러 달려왔다고 했다. 얼른 오로라 가까이 걸어갔다. 생각해 보면 하늘 위에 떠 있는 오로라를 더 가까이 보러 간다는 게 무슨 의미인지 이해가 안 가는 분들도 있을 것이다. 오로라를 더 가까이 보러 간다는 말은 그러니까, 땅끝까지 간다는 말이었는데, 그곳은 그로타 등대가 있는 바닷가였기 때문에 가능한 일이었다.

땅끝에 빨간색 등대가 주기적으로 빛을 쏘았다. 하늘에서는 오로라가 짙어졌다, 사라졌다를 반복했다. 등대 빛이 사라지고, 오로라가 짙어질 때마다 간절히 바랐다. 오로라가 사라지지 않았으면 좋겠다고. 오로라가 나와주기를 간절히 바라고, 이제는 오로라가 사라지지 않기를 간절히 바라고 있었다. 바닷물이 찰박찰박 발끝에 닿았다. 미역줄기 같은 정체 모를 해양식물이 뒤엉켜 있었는데, 어두워서 잘 보이지 않았기 때문에 나는 조금만 더, 조금만 더 가까이라고 속으로 말하며 앞으로 나아갔다. 그렇게 얼마나 오래 서 있었는지 모르겠다. 주위 사람들도 마찬가지였다. 가족들과 연인들과 친구들과 혹은 혼자서 그렇게 계속 서서 하늘을 바라보았다. 어떤 이들은 포옹하고, 어떤 이들은 키스했다. 연신 사진을 찍기도, 노래를 부르기도, 자박자박 돌 밟는 소리와 얕은 파도 소리가 어우러져 아름다운 소음을 만들었다.

사실 그로타 등대에서 본 오로라에 눈이 멀 정도는 아니었다. 하… 구름이란. 구름은 맑은 하늘에 동동 떠 있을 때 사랑스럽기 그지없는 존재인데, 오로라에 관해서라면 적이 아닐 수 없다. 하늘로 쭉 뻗어가는 오로라의 절반을 구름이 가리고 있었다. 바람이 조금 더 불어서 구름을 밀어버리기를 기다렸다. 한 10분 기다린 것 같은데, 한 시간쯤 흐른 것 같다. 기다리는 일을 하다가 자정이 가까워왔다. 오로라 헌팅에 성공했다는 기쁨을 안은 채로 돌아갈 채비를 했다.

드디어 오로라를 한 번 더 만났구나. 어떤 이에게 오로라는 참 쉽게 와준다고 하던데, 나에게는 너무 늦게 왔다. 소위, 밀당을 당한 기분이 들었다. 오로라는 알고 있나 보다. 간절히 기다리는 자의 마음을. 아이슬란드 땅을 밟기 전까지는 오로라 환상이 없던 내게는 조금 늦게 와주어야 그 빛이 더 빛날 거라는 걸. 사랑하는 자에게 먼저 찾아올 거라 믿는다. 마음 한편에 오로라가 빛날 공간을 비워둔 자에게. 그러므로 오로라를 만나고 싶다면 간절히 바라는 마음으로 사랑에 빠질 준비를 단단히 하고 가야 할 것이다.

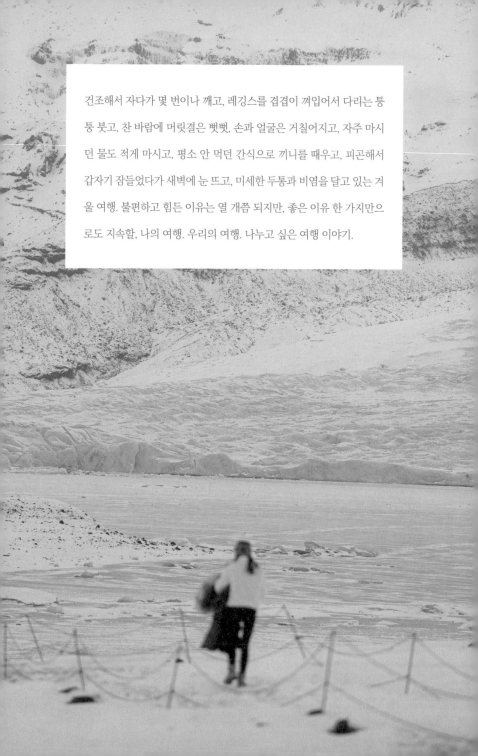

건조해서 자다가 몇 번이나 깨고, 레깅스를 겹겹이 껴입어서 다리는 퉁퉁 붓고, 찬 바람에 머릿결은 뻣뻣, 손과 얼굴은 거칠어지고, 자주 마시던 물도 적게 마시고, 평소 안 먹던 간식으로 끼니를 때우고, 피곤해서 갑자기 잠들었다가 새벽에 눈 뜨고, 미세한 두통과 비염을 달고 있는 겨울 여행. 불편하고 힘든 이유는 열 개쯤 되지만, 좋은 이유 한 가지만으로도 지속할, 나의 여행. 우리의 여행. 나누고 싶은 여행 이야기.

겨울 아이슬란드 공기는 대체로 푸른색이었다. 오전 11시쯤 겨울 해가 뜨면, 하늘은 맑은 분홍색으로 물들었다. 오후 2시와 3시 사이는 해와 달이 동시에 떠 있곤 했다. 그즈음 만들어내는 오묘한 색은 짧은 순간 황홀을 선사했다.

바람이 고요해지고, 자동차 소음이 사그라지고, 거리가 점점 소란해지면 비로소 졸음이 몰려왔다. 행복하고도 공허한 마음을 안고 낮잠을 자다가, 잠에서 깨면 창문을 열어 다시 하늘을 올려다보고.

언제까지
나를 증명해야 할까?

이효리가 이런 말을 했다.

"유명한데 조용히 살고 싶고, 조용히 살면서도 잊혀지기는 싫어요."

"이건 이효리에게 불가능한 바람 아닌가요?"

맞은편에 앉아 있던 대화 상대가 되물었고, 이효리는 이렇게 답했다.

"꼭 가능한 것만 꿈꿔야 하는 건 아니잖아요."

이효리는 전 국민에게 사랑받는 분이기에 비할 바가 아니지만, 우리는 대부분 비슷한 생각을 하는 것 같다. 특히 프리랜서로 일하는 사람 중 대부분이 '너무' 유명해지기는 싫지만, 적당히 알려지고 싶다고 말한다.

프리랜서의 직업은 생각보다 다양하다. 생각보다 할 수 있는 일이 더 많고, 생각보다 돈을 잘 벌기도 한다. 원하는 장소에서 일하고, 좋아하는 일로 돈까지 벌고 있으니, 얼핏 보면 화려하고 자유로운 삶일 테다.

오랫동안 쉬지 않고 직장생활을 해오던 나도 프리랜서 대열에 합류했다. 취미생활로 프리랜서의 삶을 미리 겪어봤음에도 불구하고, 취미로 영유할 때와 순수 내 삶을 꾸려나갈 때 느끼는 차이는 꽤 컸다.

마치 매일 밤 일기를 다 써야만 그날의 숙제를 마쳤던 것처럼, 매일 내 일을 알리려는 노력을 해야 한다. 숙제 검사하는 선생님이 없다는 사실은 스스로를 더욱 단련시킨다. 자주 무너지고, 다시 일어난다. 끊임없이 '나의 존재'를 알리려고 노력하는 자신을 돌아보다가 이런 생각이 들기도 한다.

'언제까지 이렇게 증명해야 할까?'

'언제까지'로 시작하는 질문은 직장생활을 할 때도 했다는 게 떠올랐다.

'언제까지 이 일을 즐겁게 할 수 있을까?'

내가 했던 이 질문은 여전히 주변에서 많이 하는 질문이기도 하다.

"제가 언제까지 이렇게 일을 할 수 있겠어요? 이제는 제 일을 찾으려고요."

좌절과 기쁨은 한 끗 차이로 찾아왔고, 그 배경에는 늘 타인의 생각과 판단이 서려 있었다. 여기저기서 들려오는 '타인의 생각 따위 신경 쓰지 말고, 나 자신의 행복을 최우선으로 하자'는 숱한 말들도 결국은 타인에게 전하는 말이었다. 타인의 하트를 받고, 타인의 지갑을 열어 생존하는 삶. 그러니까, 결국 '나 자신의 행복을 최우선으로 하자'는 말을 증명하기 위해서는 타인의 시선과 관심이 절대 필요조건으로 존재했다.

그러니까, 갑자기 나는 이런 생각이 든 것이다. 유명해지고 싶지 않지만, 누군가 내 글을 읽어주길 바라는 아이러니. 유명하지 않아서 받는 무관심 대신, 유명해져서 받는 무조건적인 지지와 그에 상반되는 무조건적인 혐오를 기꺼이 선택해야만 하는가, 같은 고민. 선택의 기회가 있는가. 그 기회를 잡기 위해서는 역시 숙제를 해야 한다는 원점으로 돌아왔다.

알랭 드 보통은 '불확실성이 불안을 낳는다'고 했다. 중요한 것은 '어떻게 보이느냐'가 아니라, '나 자신을 위해 무엇을 알고 있느냐'였다. 무작위 집단에게 인정받을 수도 있겠지만, '누구로부터 인정받기를 원하느

냐는 내 자유 의지로 선택할 수 있는 문제였다.

　나 자신을 부단히 발견하며 자유를 얻자. 아이슬란드의 아름다운 달과

해를 보다가, 이런 생각을 하는 날도 있었다.

　매일 떠나도 매일 낯선 여행을 통해.

익숙한 음악이 주는 위로

여행에서는 낯선 것들로부터 위로를 받곤 하지만, 문득 익숙한 것이 그리울 때가 있다. 문득 찾아오는 막막함, 답답함, 압도당함, 슬픔 따위의 감정을 다스릴 때 처방전은 음악이다. 가방을 뒤져 이어폰을 꺼내 귀에 꽂는 순간, 조용한 나만의 세상이 펼쳐지는 기분. 비로소 편안한 숨을 내쉬는 느낌. 세상의 낯선 소음으로부터 해방. 나만의 방으로 돌아간 듯한 익숙함. 잠시 눈을 감고 수분을 흘려보내면 이내 괜찮아진다. 괜찮지 않은 게 아니었더라도 괜찮아진다. 그렇게 나는 나만의 음악을 들으며 진정하곤 했다.

아이슬란드는 고립되어 있고, 1년 중 절반은 어둠으로 더욱 고립되어 그런지, 음악을 사랑하는 이가 많다. 고립과 음악의 상관관계가 있느냐 하면 꼭 그런 건 아닐 테지만, 음악을 들으면 괜찮아질 것이다. 꼭 괜찮아져야 하냐고 묻는다면 꼭 그런 건 아닐 테지만, 진정제가 필요한 순간은 누구에게나 오고야 만다. 음악은 진정제가 되어줄 것이다. 우리 사람이라는 존재는 만들고, 그리고, 듣고, 또 듣고, 읽고 쓰는 행위를 통해 괜찮아진다고 믿는다.

아이슬란드라는 아름답지만 가혹한 얼음과 불의 나라에 사람들이 정착한 이후, 음악은 줄곧 중요한 역할을 해왔다. 리무르^{Rimur}라고 불리

는 고대 아카펠라 형식의 노래에는 잔인한 겨울을 이겨내는 방식과 가족의 중요성과 트롤과 신화와 전설이 담겨있었고, 이는 점점 변화하고 발전하여 클래식, 록 음악 등 다양한 분야로 성장했다. 한 번쯤 들어봤을 만한 아이슬란드 뮤지션으로는 시규어 로스^{Sigur Rós}와 비요크^{Biörk}가 있는데 우리나라에서도 이미 팬층이 두터운 편이다. 세계적으로 유명한 피아니스트, 비킹구르 올라프손^{Vikingur Ólafsson}은 우리나라에서도 사랑받고 있다.

나와 제이는 여행지를 정하고 계획하는 사이에 그 나라의 음악을 찾아 듣곤 한다. 드디어 여행을 시작하고 여행지에서 그 음악을 듣기 시작하면 어쩐지 새롭고도 익숙하게 다가온다. 사진으로, 기념품으로, 일기로, 향기로도 그날의 분위기를 떠올리곤 하지만, 음악을 들으며 우리만의 여행을 기억하기도 하는 것이다.

어느 여행지에서 문득 급히 내린 처방전으로 이어폰을 끼고 지난 플레이리스트를 듣다가 과거로 떠나는 여행. 낯선 곳에서 다른 낯선 곳을 찾아 떠나는 여행. 이제 더 이상 낯설지 않고, 조금은 익숙해졌다는 이유로 편안해지는 여행. 잠시 눈을 감고, 음악을 들으며, 낯설고도 익숙한 기억 속으로 편안을 청하곤 한다. 수분이 지나 괜찮아지면, 이어폰을 다시

접어 넣어둔다. 혼자일 때나 함께일 때나, 없으면 안 되는 필수품. 진정
제를 투여받기 위한 연결선. 나만의 세상에서 위로받고자 하는 하찮고
도 강한 의지. 그렇게 나 자신을 사랑하는 방식 하나씩 늘려가는 중이다.

스노모빌을 타다가
새로운 나를 발견하다

"나는 내가 그렇게 용기가 있는 줄 몰랐잖아. 바위에서 뛰어내려 물속으로 다이빙을 했는데, 흥분되고 짜릿해서 몇 번이고 뛰어내렸다니까?"

여행 다녀온 지인의 말을 듣다가 10년 전쯤, 혼자 길리섬으로 떠났던 나의 여행이 생각났다. 해변에 누워 책을 읽고 빈탕 맥주를 마시다가, 사마사마 레게바에 혼자 가서 춤추는 사람들을 구경하다가, 친구를 사귀어 오래도록 이야기를 나눈 일. 방갈로 숙소에서 혼자 잠이 들었다가 달빛에 눈을 뜨고, 자전거를 타다가 엉덩이가 다 젖어버려 속상했던 기억. 소소하지만 생생하게 행복을 안겨주는 여행 추억을 떠올리다가도 소스라치게 놀라는 것이다.

'내가 이렇게 겁이 없었구나. 용기 하나 가지고, 섬에서 일주일을 보냈구나.'

아이슬란드에서 눈으로 뒤덮인 빙하 산을 달릴 수 있다기에 무조건 해보고 싶다는 생각이 들었다. 핀란드, 노르웨이, 캐나다처럼 추운 나라에서도 해볼 수 있는 액티비티지만, 아이슬란드에서는 빙하 위를 달린다는 점이 다르다. 빙하라고 해서 바다 위에 둥둥 떠다니는 얼음조각을 떠올리면 곤란하다. 예컨대, 아이슬란드에서 가장 큰 빙하인 바트나요쿨Vatnajökull은 유럽에서 가장 큰 빙하로, 아이슬란드 국토의 8%를 덮고

있다. 그 빙하 아래는 아이슬란드에서 가장 큰 산인 흐반나달스뉴쿠르 Hvannadalshnúkur를 품고 있는데, 높이가 무려 2,200m에 달한다.

우리가 선택한 미르달스요쿨의 최대 높이는 1,510m이다. 아이슬란 드에서 네 번째로 큰 빙하로, 1918년에 분출하여 세계적으로 유명해진 화산 카틀라를 품고 있다. 스노모빌을 타다가 카틀라 분화구에 멈춰 서 는 일정이 포함되어 있다기에 더욱 기대하고 있었다.

집결지에 모여 보온성을 갖춘 오 버롤을 입었다. 아이슬란드 사람들 은 오버롤을 입고 겨울 한 철을 지 낸다. 그 정도로 보온성이 좋다. 나 눠주는 바라클라바와 헬멧을 쓰고, 장갑을 끼고, 등산화를 신고, 몬스 터 트럭에 올라타 스노모빌 기지까 지 이동한다. 몬스터 트럭으로 이동

하는 시간만도 약 30분 정도 소요되는데, 창밖으로 보이는 풍경들이 또 장관이다. 특수제작된 트럭은 아무리 험한 산길도 미끄러지지 않고 올라갈 수 있다. 거의 성인 몸만 한 크기의 바퀴에는 미끄럼방지를 위한 장치가 있다. 아이슬란드 도로 정보 앱에는 빨간색으로 표시된 길이지만, 국가인증 투어 업체는 이런 특수차량으로 이동이 가능하다.

스노모빌 기지에 도착해서 펼쳐진 풍경을 마주하고 이미 벅찬 느낌이 었는데, 이제 시작이라니. 두근두근 가슴이 뛰었다.

나는 운전면허증이 있고, 심지어 운전을 잘하는 편이지만, 제이 뒷자리에 앉기로 했다. 보통 2인 1조를 권장한다. 그저 눈밭이라면 모를까, 여긴 빙하 산이다. 바닥에서 얼음이 느껴지곤 했는데, 거대한 얼음 산 위를 달리고 있다고 생각하면 아찔했다. 앞의 무리가 쌩쌩 달리기 시작했다. 제이도 속도를 내기 시작할 무렵, 우리 바로 앞 스노모빌이 속도를 내지 못하고 뒤처지기 시작했다. 굳이 빨리 갈 필요도 없지만, 너무 뒤처지면 곤란해질 수가 있다. 바람이 불어 눈발이 날리다 보니, 앞에서 터

준 길이 점점 없어지는 것이다. 길을 새로 만들며 나아가는 건 그리 쉬운 일이 아니었다. 기우뚱 옆으로 넘어질 뻔하거나, 사르륵 얼음 위에서 미끄러질 뻔한 위험을 느꼈다. 가이드가 도와주고 이끌어주기에 문제 될 일은 없었지만, 긴장한 심장이 내는 쿵쾅쿵쾅 소리는 멈출 줄을 몰랐다.

오르막길, 내리막길, 커브길을 돌며 드디어 목적지에 도착해서야 크게 숨을 내쉬었다. 카틀라 분화구 위에서 아이슬란드를 내려다보며 그저 황홀했다. 하얀 설원을 탐험하는 영화 속 주인공이 된 것만 같았다. 거대한 자연 속에서 개미 한 마리 같은 나 자신을 발견했다. 사람의 손길이 닿지 않은 거대한 땅과 끝없이 펼쳐진 하늘과 푸르고 검게 일렁이는 바다를 바라보며 한없이 작아졌다.

돌아가는 길은 다들 운전자를 바꿔 타는 모양이다. 남자가 운전하다가 이내 여자가 운전대를 잡은 외국인 커플들을 보며, 제이가 물었다. "에린이 운전해 볼래?" 절레절레 고개를 흔들었다. 이 이야기는 '두려움을 이겨낸 주인공이 왠지 모르게 무시무시한 기계의 운전대를 잡고 결국은 해낸다!'로 끝나지 않는다. 나는 끝까지 겁을 먹고 뒷자리를 차지했다.

'내가 이렇게 겁쟁이일 줄 몰랐어.'

여자가 운전하기 시작한 커플의 스노모빌이 오른쪽으로 쓰러졌다. 덕분에 다른 무리는 기다려야 했다. '내가 이렇게 폐를 끼치지 않아서 다행이야'라고 생각했지만, 사실 누가 어떤 잘못을 저지른 게 아니란 걸 안다. 그저 내가 운전대를 잡은 스노모빌이 1,500m 아래 절벽을 향해 돌진하기를 원치 않았을 뿐.

겁이 없던 나는 이렇게 겁이 많아졌구나, 하며 다시 한번 나를 발견하게 된 여행. 도전하기를 두려워하지 않던 나도 이제는 겁쟁이가 되었다는 걸 받아들이며, 지인과의 대화가 오버랩되었다.

"여행은 끊임없이 나를 발견하는 과정이다."

스노모빌 팁

최소 연령 : 만 8세

소요 시간 : 약 3시간

날씨 영향을 받아 앞이 안 보일 수 있음

뒤처지기 싫다면, 앞쪽에 주차된 스노모빌 타기

바트나요쿨, 랑요쿨, 미르달스요쿨 빙하에서 투어 가능

북극여우야, 미안해

여름 하일랜드 여행의 기억이 좋아서 혹시 겨울에도 갈 수 있는 방법이 없나 찾아보다가, 전문가가 동행하는 투어 프로그램을 발견했다. 개인이 운전해서 들어가기엔 거의 불가능하지만, 아이슬란드 국가 공인 투어 업체에서 운영하는 차량으로 가능한 코스였다. 여름에도 쉽지 않은 코스를 눈 쌓인 겨울에? 제이는 이번 여행에서 가장 기대되는 날이라며 흥분을 감추지 못했다.

집결지까지 가는 데만도 애를 먹었다. 아무도 없는 눈길을 헤쳐나가는 시간은 초조한 불안을 안겨주는데, 그래서 북유럽에서 스릴러 작품이 많이 탄생했나 하는 생각이 든다.

우리 포함 네 팀이 함께 출발. 비포장도로를 달려 어느 하얀 산맥 위로 올랐다. 잠시 멈춘 그곳은 그야말로 설산 위. 무릎까지 푹푹 빠지는 눈 위에 누워도 보고, 하얀 공기를 크게 들이마시기도 했다. 상점에서는 아이슬란드 공기를 판매하기도 한다. 깨끗하고 상쾌한 아이슬란드 공기를!

그렇게 두 번째, 세 번째 포인트로 이동하다가 어느 지점에서 귀여운 발자국을 발견했다. 겨울철 주로 사람이 없는 곳에 출몰한다는 북극여우 발자국이라고 한다! 여름에 본 북극여우는 갈색 털을 하고 있었는데,

계절마다 털 색깔이 바뀌는 특징을 지닌 북극여우는 분명 새하얀 털옷
을 입었을 터! 어디 숨었을까 궁금해서 얼른 찾아보고 싶었지만, 여기저
기 길게 늘어선 발자국들만 보일 뿐. 아무래도 오늘은 못 볼 것 같다며
돌아갈 채비를 하는 중이었다.

그때였다. 북극여우를 발견한 건. 차에 올라타려는 그 순간, 앞장서던
내가 먼저 북극여우를 발견하고는 너무 흥분해서 소리를 질렀다.

"Look! Arctic fox! Arctic fox!"

지금 생각해도 민망해 죽겠다. 사람들이 검지를 입에 대며 조용히 하
라는 표시를 했다. 제이도 나를 보며 민망한 듯 미소를 지었다. 아차! 북
극여우 앞에서는 조용히 해야 하는데. 여름에 북극여우를 마주쳤을 땐
조심조심하며 조용하게 다가가 가만히 바라보았던 기억을, 그새 까먹
어 버렸다니. 얼굴이 빨개졌다. 나 때문에 북극여우가 도망가 버린 걸
까? 나무 뒤로 숨어버린 것까지 보고, 사람들에게 미안하다고 몇 번이

나 인사를 하고 먼저 차에 올랐다. 자리에 앉아 창밖을 바라보며 속으로 내 머리를 콩콩 쥐어박았다.

'아이고, 진짜. 너 때문에 다른 사람까지 북극여우를 못 보게 되었잖아! 후….'

미안해서 정말 어쩔 줄 모르겠던 시간도 잠시. 제이와 사람들이 차에 타지 않길래 의아해하고 있을 때였다. 제이가 나를 불렀다. 그렁그렁하며 왜 그러냐는 눈빛을 보냈는데, 북극여우가 내려와 있다고 얼른 나오란다. 이여쁘고 새하얀 여우가 사람들에 둘러싸여 있었다. 가이드가 미리 준비한 빵을 조금씩 뜯어주니 그걸 받아먹고 있던 것이다.

후… 여우가 귀엽고 뭐고는 둘째치고, 다행이고 안심이었다. 그제야 정신을 차리고 오물조물 빵을 뜯어 먹는 여우를 관찰했다. 가이드는 연신 "다음에 올 때, 꼭 고기를 준비해올게"라며 여우에게 약속했다. 겨울이라 먹이를 잘 찾지 못한 여우의 배가 홀쭉해져 있었기 때문이다.

가이드의 빵 덕분인지 오래오래 머물러있던 여우. 겨울에 새하얀 북극여우를 그렇게 오래도록 마주한다는 건 정말이지 행운이 아닐 수 없는데, 이렇게 찾아와 주었다니. 행운을 거머쥐었다는 기쁨보다도 내가 그 행운을 빼앗지 않았다는 안도의 기쁨이 조금 더 컸을지도 모른다. 이래저래 운이 따라주었던 날. 완벽한 날씨도, 함께 여행한 좋은 사람들도, 새하얀 눈처럼 맑고 예뻤던 북극여우도. 그저 다 고마웠다는 말밖에. 그날의 내 모습을 떠올리면 지금도 어딘가에 숨어버리고 싶지만, 이렇게 한 번 더 전해본다. 진심으로 고마운 마음과 당부의 말을. 아이슬란드에서 동물을 마주치면, 조용조용히 인사해 주세요.

죽기 전에 얼음동굴

한겨울에 아름다운 바트나요쿨 얼음동굴 투어를 선택했다. 마침 하루 전날 눈이 내려 얼음동굴 바닥에 얇게 쌓인 눈이 남아 있었다. 새어 들어온 빛이 하얀 눈에 반사되어 얼음동굴이 반짝거렸다. 빛의 파란색 파장만이 빙하를 통과하며 푸른 빛을 발하기도 한다. 커다란 붓 터치가 새겨진 듯한 얼음 벽면을 손으로 쓸어보았다. 맑고 투명하고 매끄러운 모양새가 마치 사람이 얼음조각을 새겨넣은 것 같은 착각을 불러일으키기도 했지만, 자연의 신비라는 게 놀라울 뿐이었다.

계절의 변화에 따라 커다란 빙하의 가장자리가 녹아내리면서 얼음과 기반암 사이, 얼음과 퇴적물 사이에서 동굴이 형성된다. 물이 흘러내리면서 자연스럽게 통로가 생겼다가 동굴이 되기도 한다. 이를 발견해 내는 아이슬란드 전문 업체들은 동굴 내부에 안전장치를 최소한으로 설치해 두는데, 전문 가이드 동반하에 입장이 가능하다.

포기하지 않고 도전한다는 표현을 쓰자니 조금은 거창해 보이지만, 얼음동굴에 도착하기 전까지는 정말이지 '포기하고 싶다!'는 순간도 있었다. 신비로운 얼음동굴에 들어가기 위해 꿀렁거리는 눈길을 달렸다가, 세차게 부는 '(무려) 빙하의 바람'을 맞으며 걸어가는 오르막길, 그 짧은 구간이 너무나 힘들었던 이유 중 하나는 무리에서 뒤처지면 안 된

다는 생각 때문이었다. 빨리빨리 쫓아가야 한다는 생각에. 추워서 얼굴을 덮고 있던 마스크를 벗어 던지고 나서야 제대로 숨을 쉴 수 있었다.

'그렇게까지 하면서 얼음동굴을 볼 필요가 있을까?' 하는 생각이 들지도 모르겠다.

아름다운 걸 보다가, 그에 대해 나중에 생각하다가, 나중에 나중에 눈물이 날 만큼 벅찬 감동을 다시 느끼기도 하는 걸 보면, 여행하다 만나는 장면 장면을 통해 나를 만나는 것 같다. 인생을 배운다. 머릿속에, 가슴속에 남은 뜨거운 걸 안고 계속 살아가는 거다.

다양한 형태의 뜨거운 것들을 품고 사는 우리들.

원하는 온도로, 원하는 형태로, 바라는 대로, 나를 만나는 여정을 그려나가길. 그림을 완성하기까지 실패와 성공을 거듭하기를. 그렇게 조금씩 성장하기를.

바트나요쿨 얼음동굴

유럽에서 가장 큰 규모의 빙하.

요쿨살론에서 슈퍼지프를 타고, 브레이다메르쿠르요쿨^{Breiðamerkurjökull} 빙하 집결지로 이동한다. 천연 자연 동굴이라 매년 모양을 달리하며, 9월-4월 사이에만 체험이 가능하다. 눈이 오는 시기에 방문하면 가장 얼음동굴다운 모습을 경험할 수 있다. 난이도가 있는 편이라 8세 이상 부터 가능하며, 소요 시간은 약 3시간이다.

카틀라 얼음동굴

1년 내내 이용 가능하다는 장점이 있는 대신, 여름철에는 화산재가 쌓여있다. 그 또한 멋스러운 장관을 이룬다. 비크^{Vik}에서 출발하기 때문에 비교적 접근과 이동이 쉬운 편이다. 모든 연령대 참여가 가능하며, 소요 시간은 약 3시간이다.

랑요쿨 얼음동굴

유럽에서 두 번째로 큰 빙하. 클라키^{Klaki} 베이스캠프에서 시작한다. 4륜구동 차량의 경우 직접 집결지까지 이동이 가능하고, 그렇지 않다면 후사펠^{Húsafell}에서 출발하는 셔틀버스를 예약해야 한다. 연령제한 없이 6월~10월까지 가능하며, 소요 시간은 약 2.5시간이다.

충전이 필요해

한동안 속이 울렁거리곤 했다. 위가 예민하고, 멀미를 잘하고, 두통약을 자주 먹다가도 여행 중에는 괜찮은 편이지만 이동이 긴 날에는 병이 도지곤 했다. 울렁거리고, 자꾸 하품이 나고, 계속 울렁거리고, 어지럽거나, 눈이 따갑거나 하다가 잠시 주저앉고 마는 것이다. 그럴 때마다 제이는 기다려 주었다. 그저 옆에 서서 괜찮아질 때까지 기다려 주었다. 내가 지쳐 힘들어질 것 같은 기미가 보이면 잠시 쉬어가자 말했다. 햇빛을 오래 쐬며 걷다가 머리가 아플 때도, 일렁거리는 바닷물에 몸을 맡겼다가 피곤할 때도, 꿀렁거리는 차를 타고 새로운 도시의 숙소로 이동하여 잠시 숨을 돌릴 때도, 제이는 보채는 법이 없었다. 좀 더 쉬라고 말했다. 에너지를 충전하라고 말했다. 내가 자주 마시는 물을 준비해 주고, 조용히 옆에 있어 주었다.

내가 눈을 감고 쉬는 사이에 제이는 나의 스마트폰을 충전한다. 에너지를 충전하라고 말하면서 스마트폰까지 충전해 주는 게 제이에게는 엄청나게 중요한 일인 것처럼. 나는 일 핑계로 스마트폰을 곁에 두고 자주 보는 편인데도 아이러니하게 충전에는 큰 관심을 두지 않는다. 결국 빨간색으로 변한 배터리가 1%만 남아 깜빡거릴 때가 종종 있는데, 이는 불필요한 일을 야기하곤 한다. 이를테면 외출 직전에 휴대용 배터리

를 챙겨가야 하거나, 급히 충전을 하려고 허둥지둥하거나, 결국 전원을 꺼뜨리거나 하는 것이다. 큰일이 나지는 않지만, 제때에 미리 충전을 했더라면 겪지 않았어도 될 에너지 소모가 더 발생한달까.

장기간 여행을 하다 보면 피곤을 넘어서 조금 아픈 날이 생기고, 어쩔 수 없이 일정이 어그러지기도 한다. 그런 어떤 날에 이런 생각이 들었다. 일정이 좀 어그러지면 어때, 라고 말하며 주섬주섬 스마트폰을 충전하는 제이를 보며, 내 몸도 제때에 충전해야겠다고. 오래 함께 여행하기 위해서 제때에 에너지를 보충해야겠다고. 적당히 운동 강도를 높이고, 읽기와 쓰기의 습관으로 자신에 대한 신뢰를 회복하고, 일과 쉼을 조절하고, 사랑하는 사람들을 자주 생각하자고. 동시에 나 자신도 돌봐야겠다고 생각했다. 깜빡깜빡거리는 1%의 배터리만 남기지 않기 위해 에너지를 충전할 때를 아는 사람이 되자고 다짐했다.

특별한 새해맞이 카운트다운

아이슬란드의 12월 31일은 크리스마스만큼이나 특별하다. 샴페인을 터뜨리며 카운트다운 행사를 하거나 불꽃놀이를 하는 건 여느 나라와 비슷해 보이지만, 조금만 더 자세히 들여다보면 매우 큰 의미가 숨어있다. 군이 12월 여행을 택했던 이유 중 하나도 이런 의미를 알고 난 뒤, 아이슬란드에서 새해맞이 불꽃놀이를 해보고 싶어서였다. 12월 한밤중 추위를 견딜 수 있을까, 하는 걱정은 모르는 척해버렸다. 추위가 싫어 겨울철 외출은 최대한 삼가는 내가 자처하여 북유럽 한파를 맞겠다고 하니, 주변에서는 고개를 내저었다.

"아무리 그래도 나는 겨울 아이슬란드는 못 갈 거야" 하는 그들에게 해 줄 말이 없었다. 그게 바로 내 모습이었으니까. 추위를 지독히 싫어하는 내가 내린 결정을 실은, 나 자신도 이해할 수 없었다. 여행지가 나를 부른다는 게 이런 느낌일까?

아이슬란드 사람들은 12월 31일에 소중한 사람들과 함께 저녁 식사를 한다. 안 그래도 어둠이 빨리 내리는 나라에서는 외출이 쉽지도 않고, 외출해서도 할 수 있는 게 많지 않다 보니 가족적인 문화가 발달한 듯하다. 어떤 이유에서든 여행자의 시선으로 엿본 문화는 따스하기 그지없다. 창문 사이로 새어 나오는 주홍빛 조명 아래, 식탁을 둘러싼 사람들의 웃음소리가 들리는 것만 같은 밤. 식사를 마친 뒤에 그들이 하는 일은 모닥불 피우기다. 모닥불을 크게 피우며 1년을 회고하는 듯 친구와 가족과 이웃과 시간을 보낸다. 모닥불이 타들어 갈 무렵에는 아이슬란드의 한 해를 기록하는 TV쇼를 함께 즐긴다.

그러니까, 우리 여행자들은 '불꽃놀이 하기 전부터 사람들이 많겠지' 하는 생각으로 거리에 나갔다면 인내심을 갖고 기다려야 한다. 파티는 자정 직전에 시작되는 법. 자정이 가까워지는 시간에야 사람들은 각자 불꽃놀이 할 채비를 한 뒤 밖으로 나온다. 여기까지 보면 특별한 점이 없어 보이지만, 포인트는 불꽃에 있다. 거대한 규모로 레이캬비크 하늘을 수놓는 불꽃들은 국가행사가 아닌, 시민들의 작품이었던 것. 우리나라 여의도 불꽃축제 같은 화려한 작품을 기대할 수는 없겠지만, 그만큼 거대한 폭죽이 끊임없이 터진다.

'이게 다 개인이 준비한 불꽃이라니!'

아이슬란드 사람들은 12월 31일 불꽃놀이를 위해 큰돈을 소비할 준비가 되어있다. 얼음과 불의 나라라는 특성상 언제 어디서 자연재해를 입을지 모른 채 살고 있는데, 사고가 닥쳤을 때 의존할 수 있는 건 수색구조대팀뿐이다. 더 놀라운 건 수색구조대는 전부 자원봉사자로 이루어졌다는 사실인데, 필요한 자본은 어떻게 얻을까? 바로 불꽃놀이 판매 수익을 통해서다. 이날 하루 만에 모인 수익으로 거의 1년 활동을 이어간다고 하니, 그 규모를 가늠하기 어렵다. 나도 불꽃을 조금이라도 구매하여 도움을 주고 싶다고 생각했지만, 아무 마트에서 산다고 해서 그 수익이 그들에게 돌아가는 건 아니란다. 구조대가 판매하는 장소가 따로 있는데, 현지인들이 대량으로 구매한다고 하니 여행자는 감사한 마

음이면 충분하겠다.

밤 11시가 넘어가면서부터 레이캬비크 할그림스키르캬[Hallgrimskirkja] 교
회 앞에 불꽃놀이 하려는 사람들이 모여든다. 가족 단위로 커다란 불꽃
을 한두 박스씩 들고 있는 풍경이라니. 연습 삼아 작은 불꽃을 쏘아 올
리는 사람들도 있었는데, 불꽃이 잘 터지면 매우 자랑스러운 일이 되는
셈이다. 교회 앞에서 한참 시간을 보내다가 항구로 향했다. 우리는 아
이슬란드에서 단 한 번의 연말을 보낼 거란 생각에 불꽃놀이 크루즈를
타기로 결정했기 때문이다. 교회 앞에서 우후죽순으로 터지는 불꽃 틈
에서 정신을 못 차릴 자유를 느끼고 싶기도 했지만, 고요한 겨울 바다

위에서 레이캬비크 시내를 조망하는 특별한 경험을 놓치고 싶지 않았다. 크루즈라고 해서 영화 속에서 보는 것처럼 화려한 선상 파티가 열리는 건 아니었지만, 12월 31일 밤이라는 이유만으로도 기분은 이미 파티 중이었다. 항구에서 조금 떨어진 바다 위에서 배를 정박한 채 자정이 오기를 기다렸다. 운 좋게도 우리가 자리 잡은 위치가 도심을 바라보기에 딱 좋았다.

"5! 4! 3! 2! 1!"

카운트다운과 함께 레이캬비크 곳곳에서 불꽃이 터졌다. 팡! 팡! 피융, 팡! 가로로 길게 뻗은 도심의 마을마다 한마음 한뜻으로 불꽃을 터트리는 순간이라니!

　안전을 기원하는 마음과 감사와 사랑이 담긴 불꽃이라는 생각에 뭉클해졌다. 극한의 아름다움과 화려함을 뽐내지는 않았지만, 그 어느 때보다 감동적인 순간이었다. 한 해의 안전을 기원하는 마음으로, 한 사람과 한 가정의 정성으로 터지는 불꽃이 모여 온 나라를 비추고 있으니 말이다.

　크루즈에서 제공한 샴페인을 한 모금 마시느라 장갑을 잠시 벗었다. 추위에 겁을 먹고 꽁꽁 싸매 입었더니 움직임이 둔하게 느껴질 때마다 웃음이 삐져나왔다. 제이와 조금 불편하게 샴페인 잔을 부딪치면서도 크게 웃었다. 끊임없이 빵빵 터지는 불꽃처럼, 올 한 해 웃음이 빵빵 터지기를. 한겨울에 선상 갑판 위에서 시간을 보내겠다는 것조차 도전이었던 내게 불꽃은, 진부하지만 아름다운 꿈과 희망을 전해주는 메시지인 것만 같았다.

어떤 면에서 여행은 여간 귀찮은 일이기도 하다. 귀찮고 날카롭고 뾰족
했던 기억은 호텔에서 비로소 던져버린다. 여행은 모조리 색다른 것들
투성이. 어두운 복도에서 간헐적으로 들려오는 청소기 소리, 자정까지
시끄럽게 떠드는 어느 무리의 소란에도 한없이 평온한 밤. 그리고 아침.

손때 묻은 누군가의 추억을 공유하는 일.

아이슬란드어를 이해하지도 못하면서 '사랑을 이야기한 엽서가 아닐까?' 하고 호기심 어린 눈빛으로 바라보는 일. 이미 우체국 소인이 찍힌 우표 무더기를 만지작거리다가, 오래되어 바랜 책들을 훑어보다가, 할머니 손으로 정성스럽게 짠 털실 양말이 예뻐서 "이거 얼마예요?" 하며 배시시 웃어 보이는 일. 깎아줄 수 있냐고 조심스레 물었더니 무려 5천 원을 깎아주셔서 괜히 미안해졌지만, 덕분에 생긴 5천 원짜리 아이슬란드 지폐를 고이 가져와 여행 기록장에 끼워 넣는 일.

여행이 주는 선물같은 순간.

여행지에서 흐르는 시간

"한국인들은 말이야, 놀 때도 부지런해. 유럽에 놀러 왔다고 하면서 맨날 새벽 4시 30분에 일어나더라니까?"

이경일 교수님의 강의를 듣다가 소위 현웃(현실웃음)이 터졌다. 같이 연구하고 논문을 쓰던 해외 교수진들이 했던 말이란다. 일단 웃었지만, 생각해 볼 만한 일이었다. 쉬는 게 익숙하지 않은 한국인들의 문화는 오랫동안 점철되어 온 것이라, 천천히 변화하는 과정에 있다고 생각한다. 여행 중에도 이렇다 저렇다 평가(?)받는 건 안타까운 일이 아닐 수 없었다.

제이와 나는 여행 중에 굳이 일찍 일어나지 않는 편이다. 출근할 때야 새벽에 일어나야 하는 의무가 있지만, 그렇지 않고서야 7~8시 정도에 눈을 뜬다. 9시쯤, 하루를 시작한다.

여행지에서의 시간은 느리게 흘러간다.

예컨대, "에린이 아이슬란드에 3주간 여행을 다녀온다던데?"라고 말하던 지인들은 한국에서 빠른 속도로 일상을 살아간다. 그러다가 내가 집으로 돌아갈 때쯤 이런 반응을 보이는 것이다.

"아니, 벌써 3주가 지났어?"

실제로 아이슬란드에서 보낸 시간은 길었다. 행복한 시간은 상대적으

로 빠르게 느껴진다지만, 여행 중에 체감하는 정도는 다르다. 하루는 길다. 하루 만에 많은 일을 하고, 많은 생각을 한다. 하루하루가 쌓여 계절이 무르익는 과정을 느낀다. 하다못해 그저 아름다운 해변을 바라보는 일마저 여행지에서는 중요한 일이 되고 만다. 하루를 마무리하며 '해야 할 일을 끝내지 못했다'고 자책할 필요도 없다. 시간의 흐름에 몸을 맡기기만 하면 되는 거였다.

오늘 할 일 메모

눈떠서 창밖을 바라보기

커피를 마시며 창밖을 바라보기

운전하다 창밖을 바라보기

창문을 내려 바람을 느껴보기

잠시 멈춰 하늘 사진 찍기

해변에서 파도 소리 듣기

폭포 앞에서 한없이 작아지기

사랑한다고 말하기

필름카메라

살다 보니 책을 읽지 않고 지낸 시기도 있었다. 어느 날 혼자 사는 오피스텔에 동료들이 놀러 왔을 때 깨달았다.

"에린은 쉬는 시간에 책을 종종 읽는 것 같았는데, 집에는 책이 많지 않네."

적잖은 충격을 받은 날이었다. 아마도 그 말을 한 동료는 기억하지 못할 것이다. 그날 내가 만들어준 파스타가 맛이 없었다는 말은 아직도 술자리에서 회자되곤 하지만. 건강을 생각해서 두유크림 파스타를 만들어주었건만, 그렇게 맛없는 파스타는 처음이라는 말이 돌아왔다. 맛없는 파스타보다 충격적이었던 '우리 집에 책이 별로 없다'는 깨달음. 퇴근해서 책을 거의 읽지 않았다는 발견. 그러니까, 그 시절 나는 출근, 퇴근, 운동과 모임, 굳이 새로 시작한 공부와 또 모임, 모임을 많이 하던 사람이었기 때문이었는데, 아이러니하게도 그중에는 책 모임도 있었다.

사이즈가 작아도 스스로 만족할 만큼 아늑하게 집을 꾸미고 살았다. 분명 나는 책을 좋아하는 사람이었는데, 큰 책장을 두는 대신 책을 여기저기 쌓아두거나 다 읽은 책은 부모님 댁에 가져다 두거나 했던 것 같나. 지금 내가 갖는 책 욕심에 비하면 그때는 욕심의 방향이 다른 데 있었던 거다. 그러니까 그만큼 책을 별로 읽지 않던 시기. 아주 어렸을 때 좋아하던 책 표지나 책장을 넘길 때 나던 냄새가 어렴풋이 날 것만 같은 기억으로 '나는 책을 좋아하는 사람'이라고만 믿고 있던 거다. 무방비 상태로 찾아온 발견 덕분에 나는 다시 책과 사랑에 빠졌다. 쉬는 시간에는 더 자주 도서관을 찾았다. 퇴근 후에는 작가와의 만남을 찾아다녔고, 주말에는 북카페에서 시간을 보냈다.

그즈음 내게 찾아온 또 다른 관심은 사진이었다. 블로그를 오래 운영해 온 탓에 사진은 늘 내 곁에 있었다. 첫 카메라는 협찬으로 받기도 했다. 지금은 단종된 삼성 카메라였다. 어디로 갔는지 기억이 나질 않는다. 카메라로 사진을 찍다 보니 새롭게 다가오는 작은 기쁨이 있었다. 두 번째 카메라는 하얀색 캐논 100D였다. 단렌즈가 어쩌고저쩌고하면서 렌즈에 대해 아는 체를 할 수 있는 정도가 되었다. 그렇게 관심을 갖기 시작한 사진 찍기는 점점 내 삶의 일부가 되었다.

잘 찍은 사진을 보는 건 좋아했지만, 잘 찍고자 하는 노력은 하지 않았다. 사진은 취미일 뿐이었는데, 또 다른 취미인 기록을 하는 정도, 딱 그만큼이었다. 지금 와서 생각해 보면 자신에게 한계를 그었던 건 아니었을까 하는 생각이 든다. 이것저것 좋아하는 것을 향유하는 데 굳이 선을 그을 필요가 있었을까 하는 후회. 동시에 이런 생각을 한다.

'좋아하는 것과 사랑에 빠지는 것은 달라. 어떤 일에 열정을 갖기란 쉬운 일이 아니야.'

내게 열정은 자주 찾아오는 성질의 마음이 아니었다. 적당히 좋아하고, 적당히 잘하고, 적당히 즐기는 삶을 살았고, 그렇게 살아왔다. 적당히 슬프고, 적당히 삼키고, 적당히 타협하는 삶.

누군가 좋아하는 것을 말해보라고 하면 여행, 책, 음악과 영화 같은 단

어를 읊어보겠지만, 거기에 '열정'을 더한다면 대답은 조금 달라진다. 어떤 일에도 미쳤다고 할 수 없을 정도로 '적당한' 열정만이 내재된 나 자신에 대해 생각하다가 주말을 망쳐버리기도 했다. 미치지 않고서야 좋아하는 일을 할 수 있냐는 물음표가 자꾸 생겼다.

그런 내가 아이슬란드에 챙겨간 것 중 하나가 필름카메라였다. 나와 조금 닮았다고 여겼다. 고장 난 카메라로 찍은 것처럼 사진 절반이 흐리멍덩하게 나왔지만 괜찮았다. 뜨뜻미지근한 결과물을 보며 그 시간을 추억했다. 더 좋은 카메라로 찍은 더 좋은 사진들보다 마음이 기울었다.

허술한 마음으로 시작했지만, 사랑하는 마음이 남았다. 사진을, 사람을, 풍경을, 책과 글과 아이슬란드와 아이슬란드가 궁금한 당신을. 아이슬란드와 사랑에 빠지고 싶다면, 조금씩 다가가길 권해본다. 책장을 한 장 한 장 넘기듯이, 필름카메라 뷰파인더에 가만히 눈을 대듯, 느긋한 마음으로 숙소 문을 열고 나서 땅을 밟는 기분으로. 어딘가에 미쳐 있지 않아도 괜찮은 나와 당신의 여행 이야기는 그렇게 계속될 테니까.

아이슬란드의 묘미, 온천

여행 강연을 하는 중에 독자가 이렇게 말을 걸어온 적이 있다.

"여행 준비를 하다 보면 정보를 하도 많이 접해서 그런가, 막상 여행지에 가도 새롭지 않더라고요. 이미 사진으로 많이 봐서 익숙하다는 느낌이 강하고, 재미가 덜했어요."

무슨 말인지 어렴풋이 알 것 같았다. 여행을 많이 하는 친구들도 너무 유명한 랜드마크는 굳이 갈 필요성을 못 느낀다는 말을 종종 한다. 파리에서 에펠탑을, 이탈리아에서 피사의 사탑을, 이집트에서 피라미드를 굳이 볼 필요가 있을까 하는 마음과 비슷하다. 생각해 보니 나 역시 대도시의 유명한 랜드마크 대신, 그 옆의 소도시 방문을 택할 때가 있었다. 그리고 아이슬란드에 갈 때는 굳이 블루 라군을 가야 할까 하는 고민을 하기도 했다. 다른 아름다운 지열 온천도 많기 때문이다.

블루 라군Blue Lagoon

고민은 사치일 뿐이었다. 파랗고 하얗고 투명하고 푸르르며 청량한 블루 라군을 직접 마주하고 놀라버렸다. 이래서 가장 유명한 것들은 다 이유가 있다고 말하는 걸까? 블루 라군을 빼고 다른 지열 온천을 갔다면 영영 몰랐을 극한의 신비(이런 극한의 표현도 아깝지 않다)를 느꼈

다. 비록 천연수로 만들어지지 않았다지만, 블루 라군이 발하는 자연스
러운 색감에 반하지 않을 수 없었다. 하늘과 맞닿아 온통 푸르게 빛났
다. 피부에 좋다는 머드팩을 얼굴에 바르고, 모르는 사람들과 눈을 마
주치고, 어색할 것도 없이 웃어 보일 만큼 모두를 행복하게 만드는 마
법이 존재했다. 기분 좋을 정도로 따뜻한 물 온도, 온몸을 아늑하게 감
싸주는 물 높이, 사람들과 적정거리를 유지할 수 있는 규모와 구조, 모
든 게 완벽했다.

스카이라군 Sky Lagoon

겨울에는 스카이라군을 찾았다. 레이캬비크 근처 화산폭발로 인해 블루 라군이 일시 폐쇄 중이라 스카이라군으로 사람들이 많이 몰렸다. 블루 라군과 달리, 바다와 맞닿은 인피니티풀을 자랑하기에 노을 질 시간에 맞춰 갔다. 그런데 날씨 운이 따라주질 않았다. 하늘엔 구름이 가득했고, 심지어 토닥토닥 비까지 내리다 말다 했다. 어두컴컴한 하늘 아래, 음산한 기운을 받으며 물속을 휘젓고 다녔다. 마사지 팩도 하고, 북유럽식 사우나도 하고, 냉탕에는 차마 들어가 보지 못했지만, 따스한 지열 온천에 몸을 담그며 생각했다. 구름이 많으면 많은 대로 아름답구나. 끝이 보이지 않는 바다의 검푸른 파도가 잔잔히 일렁이고 있었다.

크로스네슬라우그^{Krossneslaug}

아이슬란드에서는 자연 속 천연 지열 수가 나오는 곳곳에 크고 작은 자연 온천 혹은 수영장이 많다. 한 번쯤은 자연 속 천연 지열 온천을 찾아가 보면 좋은데, 제이가 웨스트피요르드에서 진정한 인피니티풀 느낌을 자아내는 크로스네슬라우그를 찾았다. 굽이굽이 오프로드를 달려 마주한 외관은 조금 실망스럽기도 했지만, 막상 한적하고 푸르고 깊은 바다를 마주한 온천 수영장에 몸을 담그니 에너지가 솟아났다. 사람이 많이 찾지 않는 곳이라 우리 외에 현지인으로 추정되는 한 팀 정도가 있었는데, 심지어 그 팀은 더 뜨겁고 작은 풀 안에서 맥주파티를 즐기고 있었기에 직사각형 수영장은 온전히 우리 차지였기도 하고. 잠깐 즐기다 가려다 시간이 한참 흐른 것 같다.

웨스트피요르드는 아이슬란드 중앙을 지나는 화산 열곡의 영향을 적게 받기 때문에 지열 온천이 비교적 드물다. 드문 스팟에 왔다는 사실에 괜히 들떴다. 혹시라도 혹등고래와 돌고래와 물개를 볼 수 있을까 하는

마음에 더 들뜨기도 했지만, 물놀이하느라 정신을 못 차린 것도 사실이다. 우리만의 세상 같았다. 비현실적 세상 속 우리만의 세상. 불안이나 초조, 적의나 공격성이라고는 찾아볼 수 없는 평화. 지는 해에 빛나는 윤슬에 기분 좋을 정도로 눈이 부신 순간. 한껏 찡그리고 한껏 웃으며 오후 한나절을 보낸 기억으로 계속 살아갈 힘을 얻는다.

여행을 왜 하세요?

오래전에 이런 질문을 받은 적이 있다.

"여행을 왜 하세요?"

힘을 잔뜩 주어 대답했던 기억이 지금의 나를 머쓱하게 만든다.

"밤하늘의 반짝이는 별을 오래도록 보려고" 같은 말들이었다.

이제는 여행의 이유로 그 어떤 말도 필요치 않다는 걸 안다. 심지어 여행이 귀찮아지거나, 더 이상 간절히 가고 싶은 여행지를 떠올리기 어려울 때도 있다. 그러다가도 무작정, 당장, 떠나지 않으면 답답한 마음이 터지기라도 할까, 다시 길을 나서는 것이다. 감정의 자유를 위해. 이대로 무너지지 않기 위해. 한마디로 정의 내리기 어려운 여행의 이유를 그저 온몸으로 느끼기 위해.

또 다른 여행의 이유는 기억하기 위해서가 아닐까. 수많은 여행의 조각들이 삶 속에서 떠오르기 때문이다. 현재였던 여행은 어느 순간 갑자기 과거가 된다. 그리고 단편적인 기억들을 선사한다. 춥고, 외롭고, 그래서 울었던 기억들도 이제는 아름다운 장면으로 남았다. 해가 드리워진 어느 오후, 숙소에 누워 책을 읽을 때 느끼던 눈부신 황홀이 남았

다. 그때 읽었던 책의 내용은 기억나지 않지만, 우리는 계속 책을 읽는
다. 하물며 나쁜 기억도 좋은 기억으로 남는 여행을, 계속하지 않을 이
유가 있을까!

함께 하는 여행

한국에서는 왠지 모르게 긴장 상태로 지내는 편이다. 신경이 여기저기 곤두서있다. 하루는 편안했다가도 하루는 불안해지는 마음이 불쑥 찾아왔다. 행복하다고 여길 만한 나의 삶, 내 삶에 대한 만족도와는 전혀 다른 문제 같았다. 그렇게 떠나기 시작했다.

여행지에서는 완벽한 자유의 경지에 이르는 자신을 발견하곤 하는데, 그 자유는 특히 혼자 하는 여행에서 빛을 발하긴 하지만, 이제는 둘이 하는 여행에서 편안함을 찾는다. 함께 자유로워지는 것이다. 그러다가 문득 '나 자신을 점점 잃어버리는 건 아닐까' 하는 초조한 마음이 들기도 하는데, 이러한 마음은 여행의 양면성과 비슷하다. 한없이 행복한 동시에 한없이 불안하기도 한 마음. 모든 일은 양면을 가지고 있겠지. 결국 내가 어떻게 저울질하느냐, 어느 쪽으로 무게를 기울이느냐에 따라 달라질 것이다. 행복이라는 사소하지만 소중한 감정을 사로잡을지, 떠나보낼지는 나에게 달려있다.

아이슬란드가 다른 여행지와 다른 점이 있다면, 혼자 하는 여행에는 제약이 따른다는 것이다. 아이슬란드에 대중교통이나 택시가 없냐는 질문을 종종 듣는데, 수도인 레이캬비크와 그 주변 도시 정도만 이용 가능한 범위다. 택시비가 비싸다는 건 두말할 필요도 없다. 혼자 렌터카를

빌리는 것도, 혼자 운전하는 상황도 무리가 따른다. 여행 기간이 길어지기라도 하면 짐마저 늘어나 한 차에 얼마큼의 짐을 실을 수 있는지도 고려해야 한다. 그렇다 보니 아이슬란드 여행은 동행을 구하거나 투어 업체를 이용하는 경우가 특히 많다. 보통의 여행지에서 느리게 혼자 걷고 느끼는 여행을 하는 데에 한계가 있다.

사람들은 진정한 여행이 무엇인지 가를 때가 있다. 여행은 여행하는 사람이 오롯이 느끼는 행위인데, 사람들의 시선으로부터 결정되기도 하는 것이다. 미국 인류학 교수 로버트 셰퍼드의 말을 책에서 읽은 적이 있다. '여행이 관광보다 더 의미 있다고 생각하는 태도는 계급 중심

의 전제일 뿐'이라고. 수많은 여행자는 관광객과 다른 진정한 여행을 한다고 주장하지만, 실제로 그 둘을 정확하게 구별하기는 쉽지 않다는 말이었다.

아이슬란드는 자유로운 여행을 하기에 최적의 나라이면서 동시에 여럿이 함께하는 투어가 적합한 나라이기도 하다. 자유롭게 훌쩍 떠나는 여행도 좋지만, 함께 하는 여행도 아름다운 추억을 남기기에 충분하다. 특히 아이슬란드에서는 그렇다. 어떤 형태의 여행을 하게 되든 내가 어떻게 받아들이는 여행이냐가 가장 중요할 것이다.

여행을 추억하기

시끄러운 소리, 불편한 잠자리, 춥고, 배고프고, 서럽고, 아프거나 외로운 일이 허다하게 벌어지는 여행이라는 행위를 통해 우리는 끊임없이 '나의 존재'를 탐구하는 게 아닐까. 나를 발견하고, 알아가고, 더 나은 사람이 되기 위한 과정 같은 것. 일상을 벗어나 탐구했던 모든 일을 다 잊기 전에 우리는 다음 여행을 계획한다. 짐을 싸고, 푸는 일이 하나의 '좋아하는 일'이 되어버린다.

'기억하기 위해' 우리는 무언가를 여행지에서 가져온다. 여행지에서의 소중했던 순간을, 울고불고 괴로웠던 순간도 행복한 기억으로 바뀔 거라는 걸 알고 있는 그 소중한 순간을 간직하기 위한 실마리를 가져온다. 그것은 바닷가의 작은 모래알이거나, 책 속에 끼워두었던 꽃잎이기도 하고, 맥주를 마실 때 딴 병뚜껑 혹은, 카페에서 준 냅킨이나 호텔 방 안에 있던 메모지일 때도 있다. 누가 보면 쓰레기인 것만 같은 쓸데없는 것들이 나만 아는 보물이 된다. 그게 어느 순간 처리하기 힘든 짐이 된다는 사실을 깨닫기도 하지만, 쉽게 쓰레기통에 버리지 못한다. 그렇다고 그걸 누군가에게 선물할 수도, 물려줄 수도 없는 노릇이니, 나만 아는 소중한 추억이라는 게 이렇게 살아갈 힘을 준다는 사실이 계속 여행을 이어갈 원동력이 되기도 하는 걸까.

여행을 떠나면 다시 피곤하고, 힘든 고생의 연속이지만, 일상을 벗어나 예상치 못한 행복'도' 느낀다. 여행 중에 불현듯 찾아오는 평온과 그에 대비되는 소란마저 적잖게 기분 좋은 충격을 주는 것이다. 기분을 글로 옮기며 생각한다. 용기를 가지고 떠나는 나라는 사람에 대해, 계속 떠나기 위해, 그날의 나를 잊지 않기 위해, 작은 무언가를 가지고 오고야 마는 내 욕심에 대해.

집으로 돌아오면 그 물건들이 과거의 덧없는 시간이라는 걸 깨달을 때도 있지만, 결국 일상을 살아가며 내가 기댈 수 있는 단단한 이야기가 되어준다.

"이건 그때 레이캬비크 주말 벼룩시장에서 산 양말이잖아."

"할머니가 직접 만드신 건데, 깎아주셨지."

"하나 더 살 걸 그랬나. 그날 좀 추웠지만, 참 따스했어."

"이건 비 오는 날 세이디스피요르드 마을에서 발견했지."

"맞아. 비 오고 추워서 고생했지만, 이걸 보니 그 가게에 꽉 차 있던 색
색깔의 로파페이사가 떠오른다. 밝게 인사해 주던 세 명의 가족도 기억
나고 말이지."

여행 후 짧은 회고

아이슬란드 여행은 특별하다. 여느 목적지와 달리 계획 없이는 여행이 불가능하다. 물론, 시간적 물질적 여유가 충분하다면 아무 때나 티켓 끊어 훌쩍 떠나고, 급히 숙소를 잡고, 급히 렌터카를 빌려 발길 닿는 대로 여행이 불가능한 것은 아니겠지만 말이다. 여름은 유럽인들뿐 아니라, 아이슬란드 사람들도 여행을 하는 시기이다. 괜찮다는 숙소는 몇 달 전에 예약이 완료되어, 내가 이동하는 루트를 벗어난 곳에서 숙박해야 하는 경우가 많았다. 상대적으로 시간에 쫓기는 한국 사람이라면 루트를 촘촘히 짜두어야 후회가 덜할 것이다.

백야라 해가 길다고 너무 많은 욕심을 부리면 체력이 따라주지 못할 것이고, 너무 여유를 부리기엔 긴 하루가 아쉬울지 모른다. 입을 옷들과 꼭 하고 싶은 투어와 꼭 가보고 싶었던 곳을 미리 공부하면 훨씬 풍부한 여행을 할 수 있는 곳이 아이슬란드인데, 나는 첫 여행에서 그 부분이 부족했다. 짝꿍 제이가 애정을 가지고 루트를 손보고, 정보를 조사하는 동안 너무나 무심했더니 나중에 조금 후회되었다. 여기보다는 저기에서 더 머물걸, 루트를 이렇게 해볼걸, 옷은 이렇게 준비할 걸, 같은 소소한 후회가 여느 여행 이후에 찾아오는 류의 것과 조금 달랐다. 대자연의 아름다움과 평화로움이 기본 바탕에 있지만, 꾸미지 않은 자연을 여

행한다기보다는 '탐험'하는 느낌도 없잖아 있다 보니 쉽지만은 않았다.

겨울이라고 다를까. 극야의 시간이 찾아온 아이슬란드의 겨울은 오전 10시쯤 해가 뜨고, 오후 3시쯤 해가 지기 시작한다. 자연을 해치지 않는 정책으로 가로등도 거의 없고, 링로드 차선에 흔한 라이트도 없다. 밤낮으로 갑작스러운 눈보라가 몰아치다가 돌풍이라도 닥치면 차 문짝 하나가 날아가기 일쑤다. 바퀴가 눈밭에 빠지거나, 추운 곳에 오래 멈추면 시동이 안 걸리기도 한다. 어느 날 숙소 문을 열면 무릎까지 쌓인 눈을 만날지도 모르고, 그렇게 며칠간 고립될 가능성도 고려해야 하니 이거 뭐, 숙소를 예약하고 루트를 짠다 한들 의미가 있을까? 싶은 시기가 한 겨울 아이슬란드 여행이다.

이런 위험성 때문에 겨울 여행 일부 구간은 '가이드투아이슬란드'라는 아이슬란드 여행 전문업체에서 숙소를 시리즈로 예약했다. 만약 날씨로 인해 다음 숙소로 이동이 불가능할 경우, 알아서 예약 취소 및 환

불과 현재 있는 지역에서의 숙소로 대체가 가능하기 때문이었다. 날씨의 변화 폭이 크다 보니 이런 시스템이 자연스러운 나라다. 겨울이라서 오로라를 더 자주 볼 거라는 기대를 안고, 12월에 방문한 것도 조금은 잘못된 선택이었다는 걸 깨닫는다. 크리스마스와 연말 축제 분위기를 오롯이 느끼고 싶어서 조금 더 비싼 시기임에도 불구하고 방문했지만, 오로라를 보기에 최적의 시기는 아니었던 것 같다. 물론, 해본 사람만이 할 수 있는 말이겠다. 하지만 아이슬란드에서만 경험할 수 있는 화려한 불꽃놀이와 새하얀 세상과 거센 바람을 맞으며 여행한 것을 후회하지 않는다.

그럼에도 불구하고 우리의 메모장을 공유해본다. 단 한 번의 여행 기회가 주어진다면 어떤 선택을 하면 좋을지 고민하는 여러분을 위해. 애정 듬뿍 담은 약 40일의 여행을 통해 얻은 소소한 회고가 도움이 되기를.

| 소소한 아이슬란드 여행 팁

- 핀에어 이코노미 좌석 이용할 경우에는 수하물 무게 23kg를 정확히 재므로 손저울을 소지하는 걸 추천합니다. 승무원에 따라 가족 수하물 합산이 불가하니 무게 분산에 신경 써 주세요.

- 아이슬란드에서 인터넷을 사용하기 위해서 미리 이심(e-SIM) 혹은, 유심칩을 준비하는 걸 권장합니다. 렌터카 여행을 한다면, 자동차 안에서 와이파이가 가능합니다. 대부분 숙소나 식당에서도 만족할 만한 와이파이 서비스를 이용할 수 있습니다.

- 렌터카 보험을 최대로 든다 해도, 오프로드(흙길)에서 사고가 나면 보험 적용이 안 되는 경우가 많습니다. 여행 시기에 맞게 보험을 적절히 비교하여 렌터카업체를 결정하세요. 무조건 비싼 보험료 내는 것만이 답은 아니었어요.

- 주유소에서 연료를 가득 채울 때(Full Tank), 신용카드 결제가 두 번 연속 진행된 것처럼 보이지만 실제로는 한 번만 결제됩니다. 걱정된다면 미리 신용카드 앱을 다운받아서 결제 승인 내역 부분을 확인하세요.

- 주유소마다 무료로 이용할 수 있는 셀프 세차코너가 있습니다. 수돗물을 틀고, 커다란 브러시로 차를 문질문질 닦아내는 정도지만 매우 유용합니다. 특히 여름철에는 (날아오는) 벌레시체가 차 앞 범퍼에 잔뜩 들러붙기도 하고, 비포장도로를 한 번 다녀오면 차가 온통 모래를 뒤집어쓰므로 주기적인 세차를 하며 기분 좋은 여행길 만들어 보세요.

- 각 명소의 주차장이 유료인 경우에 꼭 주차 어플 통해서 결제하세요. 현금 결제는 불가능합니다. 차단기가 없다고 해서 그냥 나갔다가는 벌금이 가해질 수 있습니다.

- 대부분의 북유럽 국가와 마찬가지로, 마을 근처에서는 운전 속도에 신경 써야 합니다. 50km/h 이하로 유지하지 않았다가 카메라에 찍히면, 벌금 액수가 상당해요. 웃는 얼굴, 찌그러진 얼굴로 내 차량의 속도를 보여주는 장치는 카메라는 아니니까 안심하세요.

- 아이슬란드 운전은 생각처럼 무섭지는 않지만, 날씨의 변수에 따라 조심해야 하는 건 맞습니다. 새벽과 늦은 밤 시간이 어둡다고 너무 겁낼 필요도 없지만, 돌풍이 닥친다면 잠시 멈추었다가 날씨의 변화 추이를 살펴보시면 좋아요. 아무리 성수기라도 링로드에는 차량이 많은 편은 아니지만, 가드라인이 없기 때문에 차선을 잘 지켜 운전해야 합니다.

- 운전 중에 튀어나올지 모르는 양이나 소, 말 같은 방목 가축들을 조심하세요. 만약 사고를 낼 경우에는 꼭 신고하셔야 합니다.

- 웨스트피요르드 등 비포장도로가 나의 여행 루트에 포함되어 있다면, 렌터카를 빌릴 때 타이어 마모 정도를 확인하세요. 갑자기 타이어가 터질 때를 대비하여 여분의 타이어가 포함되어 있는지도 확인해야 합니다.

- 겨울에는 사진처럼 타이어에 미끄럼방지 처리가 되어 있는지 확인하세요.

- 여행 중 페리를 이용한다면 미리 온라인으로 예약해야 조금 더 저렴하게 구매 가능합니다.

- 아이슬란드는 투어 종류가 굉장히 많은데요. 내가 선택한 투어 장소 및 집결지를 잘 확인하세요. 같은 종류의 투어라도 장소를 잘못 선택하여 예약한다면, 내 잘못이라 환불도 불가능해요.

- 자유여행을 하며 자연경관을 감상하는 것만으로도 위대한 여행 한 챕터를 완성할 수 있지만, 나라의 특성을 살린 대표적인 투어는 몇 가지 경험해보시길 권해봅니다.

- 숙소 난방은 라디에이터 방식으로, 공기가 데워지기까지 시간이 걸릴 수 있으나 난방에 무리는 없습니다. 겨울철 여행을 택한다면 따뜻한 물주머니와 핫팩을 넉넉히 가지고 가는 걸 추천드려요.

- 텀블러를 준비하세요. 호텔 조식 먹을 때, 물이나 차를 담아가서 이동 중에 마시기에 좋아요. 겨울에는 따뜻한 커피를 담아 여정을 떠나도 좋아요.

- 숙소에서 의외로 선글라스, 선크림, 클렌저 등을 분실할 수 있으니 주의하세요. 나는 안 잃어버린다고요? (웃음) 분실 대비 작은 여행용 샘플 챙겨가면 굳이 비싸게 새 상품을 살 염려는 없겠죠.

- 아이슬란드는 바람이 많이 부는 날씨 때문인지 특히 건조함이 많이 느껴집니다. 수시로 사용할 핸드크림과 큐티클 크림 등을 챙겨가서 손과 손톱 보습도 신경 쓰면 좋아요.

- 레이캬비크에서 초콜릿이나 소금 등 선물을 위한 간식을 구매할 예정이라면 무조건 보너스마트(Bonus Mart)로 가세요. 사탕가게 예쁘다고 홀리듯이 구매하면, 약 두세 배의 가격을 더 지불하게 됩니다. 알면서도 실수하는 경우가 꽤 많아요. 면세점보다도 보너스마트가 더 저렴합니다.

- 아이슬란드에서 술을 구매하면 비싸므로, 입국 당시 거쳐야 하는 면세점에서 미리 구매하세요. 여행하는 동안 마실 만큼의 맥주와 와인의 양을 잘 가늠해 보세요. 한국으로 가져올 아이슬란드 진과 위스키를 미리 구매해도 좋아요. 단, 아이슬란드 위스키 양조장 투어 계획이 있다면 그곳에서 구매하는 것도 괜찮은 방법입니다.

- 햄버거나 피자를 파는 곳에서 세트를 주문할 경우, 음료수는 내가 직접 냉장고에서 꺼내야 하는 경우가 꽤 있어요. 주문할 때 확인 잘하셔서 음료수 잊지 마세요.

- 지역에 따라 예약이 필수인 레스토랑이 있어요. 꼭 가보고 싶었던 곳이라면 확인하고 이용하세요.

- 간단한 요리를 위한 레토르트 식품을 챙겨가는 걸 추천드립니다. 1회용 수세미, 1회용 장갑 등을 챙겨가도 좋고요.

- 아이슬란드 특산품 스웨터인 로파페이사를 구매할 경우, 공산품과 핸드메이드 제품을 잘 구별하여 이왕이면 핸드메이드 제품을 구매하는 걸 추천드려요.

- 아이슬란드는 여행이 끝난 뒤 출국 전에 공항에서 택스 리펀드(Tax Refund)가 가능합니다. 상점에서 한 번에 ISK 12,000 이상 구매할 때마다, 택스프리(Tax Free) 영수증을 제공받을 수 있어요. 그 영수증들을 잘 모아두었다가 마지막 날 꼭 혜택받으세요.

- 아이슬란드는 사계절 방수재킷, 방수바지, 트레킹화가 필수입니다. 날씨가 조금이라도 추워진다면 발목까지 오는 등산화가 필수이며, 도시형 아이젠을 준비해오는 외국인 여행자들도 많습니다. 운동화나 부츠 형태의 신발은 대부분의 명소 방문에 적합하지 않습니다.

- 우산은 필요하지 않아요. 바람이 심해서 비를 피할 수 없기 때문이죠. 대부분 방수재킷에 모자를 눌러쓰는 것으로 해결합니다. 얇은 우비도 소용이 없는 편이에요.

- 한겨울에는 강한 바람을 막아줄 투명 고글을 준비하세요. 큰 도움이 됩니다.

- 여성분이라면 에어랩, 고데기 등을 사용하실 텐데, 아이슬란드에서는 바람이 심하게 불고 날씨가 변화무쌍해서 큰 도움이 되지 않습니다. 레이캬비크 도심 지역에 머무는 기간 외에는 자연스러운 헤어스타일을 유지하게 될 거예요. 모자가 도움이 되겠지요?

- 숙소에서 입을 도톰한 잠옷을 챙겨가세요. 짐이 될 것 같지만, 사계절 밤을 편안하게 보내기에 좋습니다.

- 선글라스, 보온모자, 넥워머, 손가락장갑, 방수팩, 텀블러 등은 사계절 내내 필요합니다. 겨울철엔 여기에 더해 바라클라바, 레그워머, 두꺼운 장갑을 추가로 준비하는 걸 권장합니다.

- 겨울철 새벽에 오로라를 기다리고 있다면, 저온으로 인해 카메라가 꺼질 수도 있습니다. 오로라 촬영 시, 카메라 보온에 신경을 쓰거나 여분의 배터리를 준비하면 좋을 거예요.

- 오로라가 더 잘 보이는 시기를 특정하기란 어렵습니다. 여름을 제외하고는 운에 맡길 수밖에 없어요. 오로라 지수를 확인할 수 있는 어플을 미리 다운로드 받으세요. 여기에 반전이 있습니다. 오로라 지수가 높은 것도 중요하지만, 그보다 구름이 거의 없는 맑은 날이어야 오로라를 잘 관찰할 수 있다는 사실입니다.

| 꼭 먹어보면 좋을 아이슬란드 음식

1. 피스쿠르 다긴스Fiskur dagsins

피스쿠르 다긴스는 해산물 레스토랑에서 흔히 볼 수 있는 '오늘의 생선Fish of the day'를 말해요. 섬나라인 아이슬란드의 생선은 싱싱하고 맛있기로 유명하니까 꼭 먹어야겠죠? 보통, 대구나 연어구이를 만나게 될 거예요.

2. 쿄트수파Kjötsúpa

쿄트수파는 그냥 고기 수프라는 뜻이지만, 아이슬란드에서는 양고기가 흔하다 보니 자연스럽게 따로 표기할 필요가 없었어요. 다양한 야채와 허브를 가미한 맑은 양고기 수프인데, 보기보다 훨씬 맛이 좋으니 꼭 한 번쯤 드셔보세요.

3. 베야린스 베스투 필수르Bæjarins Beztu Pylsur

베야린스 베스투 필수르 핫도그 이야기 기억하시죠? (p.24) 여행자뿐 아니라, 아이슬란드 사람들도 사랑하는 레이캬비크 핫도그는 한번에 두 개씩 사 먹어도 좋아요. 브랜드가 거의 고유명사처럼 자리 잡았습니다.

4. 스키르Skyr

스키르는 아이슬란드식 요거트예요. 그릭 요거트Greek Yogurt 포함 다른 요거트보다 단백질과 칼슘 함량이 더 높고, 지방과 당 함량이 적어 건강에도 좋답니다. 기회가 된다면, 아이슬란드 전통 식당에서 직접 만든 수제 스키르를 디저트로 먹어보세요. 마트에서도 찾아볼 수 있어요.

5. 하르드피스쿠르^{Harðfiskur}

하르드피스쿠르는 우리나라식으로 말하면 황태입니다. 명태가 아니라 대부분 '대구'로 만들었다고 하는데요, 놀랍게도 버터랑 함께 즐겨 먹는 간식이라고 하네요. 아이슬란드 친구에게 한국에서는 마요네즈와 함께 먹는다고 알려주었답니다.

| 아이슬란드 여행 기념품

- 핸드메이드 퍼핀 자석
- 바이킹 미니어처
- 율라드 모형 미니어처
- 잔디 지붕 집 미니어처
- 아이슬란드어 책
- 아이슬란드 지도
- 옴놈^{OMNOM} 브랜드 초콜렛
- 상어 오일
- 오메가3 영양제
- 아이슬란드 화산 소금
- 아이슬란드 소금 초콜렛
- 아이슬란드 핫도그 재료
- (미니) 위스키, 진
- 화산암 아이스큐브
- 핸드메이드 목도리, 양말 등
- 로파페이사
- 블루 라군 립밤, 화장품

대량생산한 중국산 저가 제품보다는 핸드메이드 제품을 찾아서 구매하자. 아이슬란드 현지 제품이 더 예쁘기도 하지만, 아이슬란드 나라에 도움이 되는 일이기도 하다.

기념품 추천 상점
- Rammagerdin
- Nomad
- Nordic market

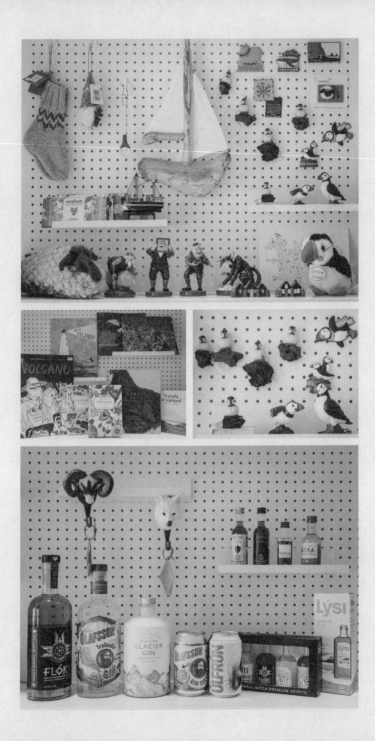

| 오로라 사진 촬영 팁

저는 사진 전문가도 아니고, 오로라 전문가도 아닙니다. 우리나라에도 오로라에 관한 지식과 매우 멋진 오로라 사진을 찍는 분들이 많이 계십니다. 저는 단지 저의 눈높이로, 그러니까 우리 초보 여행자의 눈높이로, 어떻게 하면 오로라를 잘 발견할 수 있을지, 어떻게 하면 오로라 사진을 더 선명하게 찍을 수 있을지, 기본적인 정보를 드려 볼게요.

오로라(북극광, Aurora Borealis, Northern Lights)
지구는 태양이 없이 살아남을 수 없지만, 태양이 분출하는 방사선과 태양풍은 치명적입니다. 그래서 지구는 자체 에너지 방어막에 둘러싸여 있는데요, 태양풍이 만들어낸 고온의 입자들을 막아내어 지구를 보호합니다. 그런데, 태양이 방출한 입자의 일부는 방어막에서 튕겨 나가지만, 일부는 지구 자기장에 흡수됩니다. 태양풍에는 전하를 띤 입자들이 포함되어 있기 때문에 지구의 자기장을 따라 북극과 남극으로 이동합니다. 이때, 태양풍 입자의 일부가 지구 대기와 충돌하여 방전을 일으키는 현상이 오로라예요. 산소는 녹색을 띠고, 질소는 파란색과 빨간색을 띠는데, 아이슬란드에서는 주로 녹색 오로라를 볼 수 있습니다.

오로라를 보려면
첫째, 어두워야 합니다. 그래서 백야 현상이 나타나는 여름에는 관찰하기 어렵습니다. 빛 공해가 덜한 시골일수록 오로라를 잘 볼 수 있어요. 별을 잘 볼 수 있는 환경과 비슷하지요.
둘째, 오로라 지수를 확인할 수 있는 앱을 다운받고 정보를 받으세요.
셋째, 하늘이 맑은 날이길 바라볼까요? 구름이 많으면 오로라를 가리고 맙니다.

넷째, 늘 변수가 있습니다. 오로라 지수가 낮아도 볼 수도 있고, 오로라 지수가 높아도 못 볼 수도 있습니다. 날씨의 변수가 크게 작용합니다.

오로라 사진을 찍기 위한 준비

여행 전에 오로라 사진을 접하며 내가 만나고 싶은 오로라를 그려보세요. 내가 찍고 싶은 오로라의 장면을 상상해보세요. 카메라를 준비했다면, 여분의 배터리가 필요합니다. 광각렌즈와 삼각대, 릴리즈(리모컨)도 함께 준비하세요. 하지만, 요즘은 스마트폰 하나만으로도 좋은 사진을 찍을 수 있습니다. 내가 카메라를 다루는 게 익숙하지 않다면 차라리 최신 스마트폰을 구매하시길 추천해 드립니다.

카메라로 찍을 경우

삼각대에 카메라를 장착하고 기다려야 합니다. 이때 카메라의 온도가 너무 낮아지면 꺼질 수도 있다는 점에 유의하세요. 기다리는 동안 핫팩을 이용해도 좋아요.

자동 초점 모드(AF)를 끄고, 수동 초점 모드(MF)로 변환하세요. 오로라가 나오기 전에 달, 별 등을 피사체 삼아 초점을 맞춰 가며 사진을 찍어보세요. 오로라가 보일 때 즈음, 오로라와 함께 담을 수 있는 나무나 산 등에 초점을 맞춰보는 것도 좋습니다.

화이트 밸런스 역시 자동 설정 모드를 끄고, 3500~4500K 정도로 맞춰보세요.

조리개는 2.8 정도, 셔터 스피드는 5~20초, ISO는 1600까지 점차 높여가며 밝기를 조절해 보세요. 어두울 땐 조금 더 높여가며 밝기를 조절할 수 있어요. 하지만, 너무 밝으면 노이즈가 생길 수 있겠죠. 셔터 스피드 역시 너무 길면, 사진이 뿌옇게 나오거나 오로라가 뭉개질 수 있다는 걸 유의하세요.

아이폰으로 찍을 경우,

기본 카메라의 야간 모드를 활용하세요. 왼쪽 상단에서 촬영 시간을 3초부터 시작해서 최대 10초까지 조절해가며 찍어볼 수 있어요. 사진을 찍는 동안 움직이지 않도록 주의해야 합니다.

갤럭시로 찍을 경우,

'더 보기-프로모드'로 들어가 보세요. 스피드는 약 10~15초, ISO는 1600부터 높여가며 조정해서 찍어보세요. 화이트 밸런스 역시 3500K 전후로 맞춰 가며 찍으면 좋아요. 갤럭시 프로모드는 잘만 활용하면 충분히 좋은 사진을 찍을 수 있는 도구인데, 다루기에 익숙해지려면 미리 밤하늘 찍는 연습을 해보기를 권해드려요. 그렇지 않다면, 갤럭시도 야간모드를 활용해 보셔도 좋을 것 같네요.

아이폰의 라이브 포토 버전과 갤럭시의 모션 포토는 끄고 찍어야 더 선명한 사진을 찍을 수 있습니다.

오로라를 만나면 사진을 찍어 추억으로 남기는 것도 중요하지만, 두 눈으로 담으며 오롯이 오로라를 감상하는 시간도 가져보세요. 그 순간 떠오른 생각을 목소리로 녹음해 남겨보세요. 주변 소음을 녹음해 보세요. 누군가 옆에 있다면 기쁨을 나눠보고, 숙소에 돌아간 뒤 그 생생했던 행복감을 짧은 일기로도 남겨보세요. 사진 한 장보다도 더 생생한 나만의 추억으로 남게 될 거예요.

| 아이슬란드에 없는 것

현금
거의 대부분 신용카드로 가능하다. 아이슬란드 지폐 구경을 못하는 게 아쉬울 정도. 딱 한 곳. 레이캬비크 주말에만 열리는 벼룩시장에 간다면 현금을 준비하는 게 좋다. 미리 준비한 트래블월렛 카드로 현금을 인출하여 흥정에 성공하자.

팁
아이슬란드는 기본임금이 높기 때문에 팁 문화가 없다. 하지만, 투어를 이용한 후에 마음에 들었다면 가이드 팁은 줄 수 있다.

우산
눈, 비, 바람 등 하루에도 날씨가 10번은 바뀐다는 나라, 아이슬란드 사람들은 우산을 쓰지 않는다. 심지어 우비도 바람에 날려 무용지물 되기 쉽다. 대신 방수되는 기능성복장을 입어 날씨에 대비한다.

사 먹는 생수
세상에서 가장 깨끗한 물을 보유한 나라이다. 어차피 식당에서도 수돗물을 따라준다. 그럼에도 물을 사고 싶다면, 보너스마트에서 구매하자.

가로등, 가드레일
최대한 자연경관을 해치지 않기 때문에, 도로 양옆에 가드레일이나 가로등 같은 인위적인 설치물이 없다. 도로 밑으로 차가 빠지지 않도록 안전에 주의하자.

주차 차단기, 주차장 관리인

아이슬란드 유명한 랜드마크 유료 주차장이 늘고 있다. 평균 주차비가 1만 원 정도로 비싼 편이다. 주차 차단기도 없고, 관리인도 없지만, 카메라가 있으므로 알아서 주차비를 정산해야 한다. Parka라는 주차 어플을 미리 깔고 신용카드도 연결해두면 편하지만, 그때그때 큐알코드로 Parka 웹사이트에 들어가서 결제해도 된다. 간혹 주차비 정산 가능한 기계가 설치되어 있기도 하지만, 작동이 잘 안 될 수 있으니 웹 사용을 권장한다.

개미, 모기

오랜 시간 자라온 아이슬란드의 부드러운 이끼 덕분에 개미나 모기가 없다고 한다. 대신 여름에 날파리 종류의 벌레가 많이 날아다니므로 뿌리는 벌레약 정도는 준비하면 좋다.

택시

택시가 없는 건 아니지만, 레이캬비크를 제외하면 택시 탈 일이 없다. 매우 비쌀 뿐더러 대부분 렌터카를 이용하기 때문이다. 시내버스, 공항버스, 투어 시스템도 잘 되어 있으므로 굳이 택시를 이용할 일이 없을 것이다.

범죄

아이슬란드는 범죄 없고 친절한 나라로 유명하다. 만약 누군가 무얼 훔쳐 간다면, 그건 다른 나라 여행자라는 말이 나올 정도이다. 아이슬란드 친절도는 세계 1위라고 하니, 걱정 없이 여행을 떠나보면 어떨까?

스타벅스, 맥도날드

아이슬란드에서 살아남은 프랜차이즈는 'Joe and the Juice'와 'Subway' 정도인데, 대도시에서만 볼 수 있다. Kaffitár와 Te og Kaffi 라는 아이슬란드 커피 브랜드 및 로컬브랜드 인기가 좋기 때문이다.

| 아이슬란드 여행 준비 앱

Safe Trave - Iceland
실시간 업데이트로 제공하는 날씨와 도로 상황을 체크할 수 있다.
'체크인' 기능을 활용하면, 여행 경로를 기록하고 공유할 수 있기 때문
에 혹시 사고가 난다고 해도 아이슬란드 수색 구조 서비스에게 위치
를 알릴 수 있다.

Veður (for weather)
5분~10분마다 날씨가 바뀔 수 있다는 말이 있을 정도인 아이슬란드
날씨를 자주 체크할 수 있다. 아이슬란드 기상청에서 관리하기 때문
에 실시간 업데이트를 받아 위험 경보까지 정확히 확인할 수 있다는
장점이 있다.

Guide to Iceland
아이슬란드 사람들로 구성된 규모가 가장 큰 여행 업체로, 이용하기에
안전하며 최저가 보장제를 내세운다. 24시간 소통이 가능하므로, 일정
에 맞는 투어를 예약, 상담하기에 쉽다. 또한, 아이슬란드에 살고 있는
사람들이 끊임없이 정보 글을 올려주기 때문에 문화나 역사, 여행 팁에
대한 정보를 검색하기에 좋다.

My Aurora Forecast
한여름을 제외하고는 오로라를 볼 가능성이 크기 때문에 앱을 통해 KP
지수를 확인하면 좋다. 유료 결제를 한다면, 오로라가 뜰 때 푸시 알람
을 받을 수 있다.

Parka & Easy Park

아이슬란드 유명 관광지 주차장에는 주차 차단기 없이 자유롭게 주차하는 것 같지만, 앱을 통해 일일이 직접 결제해야 한다. 주차장에 기계가 있기도 하지만, 작동이 잘 안 되는 경우도 있으니, 앱을 통해 차 번호를 입력해 두었다가 신용카드로 결제하면 편하다.

112 Iceland

사용할 일이 없으면 좋겠지만, 만약을 대비하여 미리 앱을 다운받자. 혹시 발생할지 모르는 화재나 자연재해 등 피해를 보았을 때 앰뷸런스 서비스 및 경찰 지원까지 요청할 수 있다. 앱을 켰을 때 보이는 적색 버튼을 누르면, 아무리 신호가 약한 지역에서도 나의 GPS 위치가 전송되므로 꼭 필요할 때 활용하기를 권장한다.

Iceland Road Guide

아이슬란드 도로 운전 중에 무슨 뜻인지 잘 모르는 표지판을 만날 때가 있다. 그럴 때 적절한 대응을 하기 위해 미리 아이슬란드 도로 가이드 앱을 다운받으면 당황할 일이 없을 것이다.

Appy Hour

레이캬비크에 머무는 시간이 길고, 술을 좋아한다면? 애피아워 앱을 다운받자. GPS를 통해 근처 레스토랑이나 술집을 비롯해 할인을 받을 수 있는 해피아워 시간대를 알려준다.

road.is

앱은 아니지만 휴대폰 바탕화면에 웹페이지를 저장하여 앱처럼 활용
하자. 실시간 도로 상황을 꽤 정확하게 알려준다. 여름보다는 겨울철
에 더 유용하다. 도로가 얼마나 미끄러운지, 눈이 많이 와서 막아두지
는 않았는지, 상태를 알 수 없을 정도로 위험한지 등을 도로에 색상으
로 표시해 두는데, 자주 새로고침하여 실시간 업데이트 상황을 파악
하면 좋다.

나의 버킷리스트는

잘 미룬다. 최대한 미룬다. 마감일이 되어서야 마무리를 짓는 일이 잦다. 토요일에 가려고 했다가 그냥 일요일에 갈까 했다가, 그다음 주에 가자고 말하는 게 쉽다. 그러다가 그냥 안가거나, 안 하거나 하는 일들. 기회를 놓쳐버리고 내심 안심하며 생각한다.

'뭐, 어때. 괜찮아. 꼭 해야 할 일도 아니었는데.'

하고자 하는 일을 꼭 하지 않은 대신 다른 일을 했지만, 하고자 하는 일에 대한 미련은 갖지 않는 편이다. 꼭 해야 할 일이 아니었으니까. 그냥 한 번 해볼까? 했던 일이었으니까. 꼭 해야 할 일은 아니지만, 했으면 좋았을 일. need가 아닌, want의 상황을 부여잡느냐 아니냐에 따라 인생은 달라질까, 하는 생각이 문득 들었다.

'우리가 삶에서 원하는 것은 우리를 변화시키는 무언가'라고 리베카 솔닛이 말했다. 그런데 그 변화의 건너편에서 무엇이 우리를 기다리는지 모른다. 결국 길을 잃어봐야만 알 수 있다. 어떻게 길을 잃을까. 여행 중에 나는 곧잘 길을 잃는다고 생각했지만, 그저 가고 싶은 대로 발걸음을 옮겼을 뿐 정말 길을 잃은 건 아니었다. 언제든 지도를 보고 가야 할 곳을 알아차릴 수 있었으니까. 산에 오르기 전에, 숲에 들어서기 전에, 늘 경로를 파악하고 단단히 준비했기 때문에 길을 잃을 리가 없었다. 『월든』에서 소로는 길을 잃고 세상을 잃은 뒤에야 비로소 자신을 찾기 시작한다고 말했다. 힘든 일이 있을 때는 바닥을 치고 난 뒤에야 다시 올라올 수 있는 힘이 생기는 것과 비슷한 이치일 거라 어렴풋이 짐작했다.

아이슬란드 여행은 제이의 버킷리스트 중 하나였다. 계획하고, 실행하고, 기록하는 성향은 나와 비슷하지만 제이는 뭐랄까. 조금 더 계획적이고, 조금 더 전투적이다. 하루에 해야 할 일을 정해두고, 하나씩 체크박스를 완료한다. 회사원임에도 불구하고, 퇴근 후에도 책상 앞에 앉아서 하고 싶은 일들을 하나씩 해나간다. 제이가 가장 좋아하고, 가장 하고 싶어 하는 일은 바로 여행이다. 그는 원하는 것이 명확한 사람이다. 아이슬란드는 그중 하나였다. 「월터의 상상은 현실이 된다」와 「인터스텔라」를 본 후에 아이슬란드를 향한 갈망이 커졌다고 한다.

지금보다 더 많이 회사 일을 했던 제이는 과로 때문인지 3년 전 큰 병에 걸렸다. 원인을 알 수 없고, 완치 개념도 없어, 언제 재발할지 몰라 주기적으로 검사하는 방법밖에는 없다고 했다. 당시 머리를 20cm 이상 열어야 하는 개두술을 했는데, 그때 보호자였던 나는 무섭고 무서워서 매일 울면서 일기를 썼다. 제이는 그저 괜찮다고 말했다. 울거나 힘들다는 내색은 전혀 하지 않았다. 그게 더 마음 아파서 나는, 나라면, 이렇게 버티지 못했을 텐데, 하면서 그저 옆에 있어 줄 뿐이었다. 신경외과 병동에는 불편한 사람들이 많았다. 뇌종양 카페에 가입해서 정보를 얻었고, 나누었고, 그러다가 이제는 아이슬란드 여행 카페를 들락날락하기도 하는 것이다.

지금도 검사를 위해 병원에 가는 날이면 다시 아픈 사람들을 마주하고, 그들의 이야기를 듣다가, 다시 여행 카페에서 여행 정보를 듣고, 나의 이야기를 하는데, 클릭 한 번으로 이루어지는 카페 옆집 사이의 온도차를 겪으며 슬퍼질 때가 있다. 이렇게 여행한다는 사실은 내게 주어진 행복이라 여기기도 하지만, 동시에 마음 한구석이 불편하곤 했다. 제이는 큰일을 겪은 당사자기에 마음가짐이 다를 것이다. 버킷리스트를 하나씩 체크해 나가는 기쁨을 느끼고 싶을 것이다. 기쁨은 안도감으로, 사랑하는 사람과 함께라는 더없는 행복으로, 그렇게 완성되어 갈 것이다. 그가 원하는 것을 찾아가는 모습을 보며, 나도 찾아봐야겠다고 생각했다. 이제는 에린 차례, 라고 말해주는 제이에게 당장 나는 원하는 것이 없다는 말은, 재미없는 일일 테니까.

하고 싶은 일을 적어 내려가 보는 시간을, 이 글을 읽는 당신도 한 번쯤 가져보면 좋겠다.

Thanks to

함께 여행하며 나를 보듬어주는 제이에게 감사합니다. 늘 믿고 지지해주시는 제이 가족과, 엄마 아빠와 두 명의 동생에게도 잘 표현하지 못하지만 늘 감사한 마음이고요. 멀리 있고 다들 바빠 자주 만나지 못해도 언제 그랬냐는 듯 편하기만 한 친구들, 항상 책 봐주어 고마워. 여행 모임에서 만난 지인들은 이제 나이 상관없이 편안한 친구가 되었어요. 언니, 오빠, 동생들과 작가님들 모두 고마워요. 아이슬란드 여행카페 인연과 가이드투아이슬란드와 함께 글 쓰며 이끌어 준 글쓰기 모임 작가님들과 함께 읽으며 인사이트 나눠 온 독서모임 멤버들과 떼려야 뗄 수 없는 블로그와 인스타그램으로 맺어진 소중한 인연들, 우리 인연 영원합니다. 아시죠? 직장생활 할 때부터 이어 온 인연, 새로 강의를 하고 책을 쓰며 만난 새로운 인연, 앞으로 오래 이어가고 싶은 인연들 얼굴이 끊임없이 떠오릅니다. 언젠가 저와의 시간이 닿아 이 글을 읽어주고 계시는 분들께도 감사드려요. 책 한 권이 나오기까지 고생하신 도서출판 푸른향기 대표님, 화목 팀장님, 수경 팀장님께도 진심으로 감사드립니다. 마지막으로 책 읽어주시는 독자님들, 계속 여행하고 쓰는 사람으로 남게 해주셔서 감사합니다. 여행하며 만나기를 기대합니다.

낯선 위로, 아이슬란드

ICELAND

초판1쇄 2024년 7월 5일 **초판2쇄** 2024년 8월 5일 **글** 권호영 **사진** 제이 **펴낸이** 한효정 **편집**
교정 김정민 **기획** 박자연, 강문희 **디자인** 화목, 이선희 **마케팅** 안수경 **펴낸곳** 도서출판 푸른
향기 **출판등록** 2004년 9월 16일 제 320-2004-54호 **주소** 서울 영등포구 선유로 43가길 24
104-1002 (07210) **이메일** prunbook@naver.com **전화번호** 02-2671-5663 **팩스** 02-2671-5662
홈페이지 prunbook.com | facebook.com/prunbook | instagram.com/prunbook

ISBN 978-89-6782-219-4 03920
ⓒ 권호영, 제이, 2024, Printed in Korea

책값은 뒤표지에 있습니다.